I0103242

RECHERCHES

SUR

L'ORIGINE DES BERBÈRES

PAR M. G. OLIVIER

Avocat, Commandeur de l'Ordre du Nichan
Officier d'Académie, Secrétaire perpétuel de l'Académie d'Hippone
Membre correspondant de l'Académie de Caen, etc., etc.

BÔNE

Mai 1868

Z
RENAN
5.672

RECHERCHES

SUR

L'ORIGINE DES BERBÈRES

PAR M. G. OLIVIER

Avocat, Officier d'Académie, Secrétaire perpétuel de l'Académie d'Hippone,
Membre correspondant de l'Académie de Caen, etc., etc.

BONE

IMPRIMERIE DAGAND,

1867

BIBLIOTHÈQUE NATIONALE
DON
DE
Mme C. LÉVY

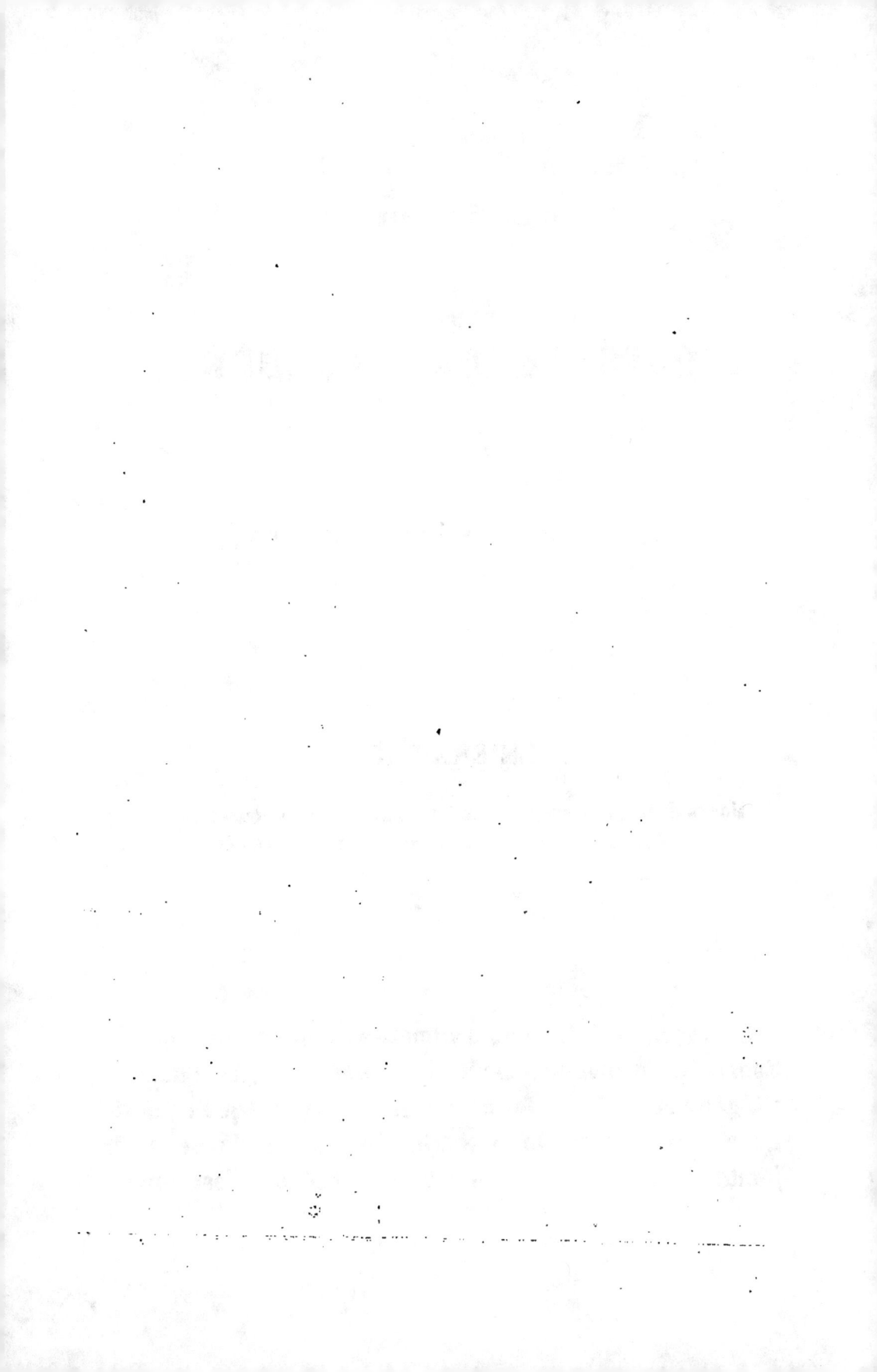

RECHERCHES

SUR

L'ORIGINE DES BERBÈRES

Extrait des BULLETINS nᵒˢ 3 et 4 de l'ACADÉMIE D'HIPPONE.

PREMIÈRE PARTIE.

Mœurs et usages communs aux Berbères et aux anciennes nations établies dans le bassin oriental de la Méditerranée.

I.

On s'accorde volontiers à admettre, aujourd'hui, que le Sahara était primitivement une mer; que la Tunisie, l'Algérie et le Maroc formaient alors une presqu'île, désignée sous le nom de Berbérie, longue bande de terre jointe à l'Espagne par un isthme situé où s'est ouvert depuis le détroit de Gibraltar. Par contre, le véritable continent africain commençait seulement au pied du Djebel-el-Kamar. Les récentes et si curieuses observations malacologiques de M. Bourguignat semblent confirmer ces données en établissant que le contour des derniers contreforts méridionaux de l'Atlas, ancienne plage de la mer saharienne, a précisément la même faune conchyliologique que les côtes septentrionales de notre Berbérie baignées par la Méditerranée. Pour augmenter encore la consistance de cette induction, il resterait à constater qu'une faune à peu près identique se retrouve sur la rive sud de la mer saharienne, rive nord de l'ancien continent africain. On y arrivera probablement un jour.

Dans l'hypothèse que je viens d'exposer sommairement, on suppose aussi que les îles composant à cette heure le groupe des Canaries et celui des Açores, sont des sommets de montagnes, surnageant au-dessus de l'abîme, de deux continents submergés avec l'Atlantide, à l'époque même où, par un mouvement de bascule, un relèvement de terrain faisait de la mer saharienne un désert de sable. Ces continents étaient-ils reliés à l'Atlantide, en étaient-ils indépendants? D'après leur faune malacologique, M. Bourguignat pense qu'ils en étaient indépendants.

Quels hommes ont habité ces contrées, alors que la nature les modifiait si étrangement, ou les ont envahies après ces modifications, pour former la première assise de leurs habitants actuels? Ces hommes étaient-ils demeurés réfugiés dans les hauts plateaux de l'Atlas que le cataclysme n'avait pas ébranlés, en admettant que cette révolution soit le résultat d'un cataclysme et non d'un lent travail de la nature; se sont-ils emparés de la Berbérie après l'apaisement? Venaient-ils de l'occident à travers le détroit nouveau creusé par l'océan? sortis de l'Asie, comme toutes nos races européennes actuelles, avaient-ils gagné, à travers l'Egypte et les plages sablonneuses de la grande Syrte, la Berbérie raffermie sur ses bases; ou bien enfin, issus de l'ancien continent africain, avaient-ils poursuivi jusqu'au delà du désert la mer qui les avait fui? Problèmes difficiles sinon impossibles à résoudre. Cependant, ignorants que nous sommes de ce que l'avenir nous garde de lumières inattendues, nous devons marcher courageusement en avant dans la voie de la science, si obscure qu'elle nous paraisse au départ. Marchons donc.

Quels qu'aient été les premiers habitants de la Berbérie et quel qu'ait été leur berceau, on les désigne sous le nom de Berbères, et l'on est convenu d'appliquer ce même nom aux Touaregs égarés dans le désert, aux Kabiles étagés dans les montagnes de notre province, et enfin à la plupart des indigènes qui, mêlés aux conquérants arabes, n'ont pas cessé de cultiver les plaines comprises entre Bône, Constantine et Bougie. C'est l'opinion de l'un des plus studieux investigateurs de l'histoire de notre Algérie, M. le baron Aucapitaine, membre correspondant de l'Académie d'Hippone.

« Quant aux provinces de Constantine et de Bougie, dit-il dans une *Notice ethnographique sur l'établissement des Arabes dans la province de Constantine* (1), elles restèrent, sous la domination des Arabes Riah, la demeure des anciens peuples de race berbère, qui l'habitaient primitivement et que nous y retrouvons aujourd'hui. »

(1) *Recueil de la Société archéologique de la province de Constantine*, 1865, p. 92.

Et plus bas :

« On peut avancer qu'il en fut des Arabes autour de Constantine comme des Francks en Gaule ; quoique la nation ait gardé le nom des envahisseurs, le fond de la population, à bien peu d'exceptions près, est presqu'entièrement formé par les descendants des vaincus. »

D'accord sur ce qu'il faut entendre par Berbères, cherchons d'où ils procèdent.

Des esprits, excellents d'ailleurs, regardent les Ibères et les Berbères comme des débris de la race atlante qui auraient occupé à un moment donné la presqu'île ibérique et son annexe la Berbérie. Jusqu'à présent on ne sait rien des Atlantes ; tout point de repère et de comparaison manque ; on ne peut donc que conjecturer. Aussi d'autres, moins affirmatifs, se bornent-ils à supposer qu'Ibères et Berbères sont également de famille occidentale, mais sans leur prêter ni point de départ ni route déterminés. Rien ne s'oppose à ce qu'Ibères et Berbères soient parents ; la terminaison identique des deux noms pourrait annoncer deux branches d'une même souche ; *Berbère* pourrait même signifier à la rigueur, *Ibère* du dehors. Mais il n'y a là que de bien légers indices. Quoiqu'il en soit, et à défaut de données positives, il serait naturel, si l'on devait s'en tenir à la ressemblance des noms, d'affilier les Ibères du continent hispanique aux Ibères du Caucase. Ceux qui, *à priori*, veulent qu'Ibères et Berbères aient eu pour berceau l'ouest de l'Europe, appuient leur supposition principalement sur les deux faits suivants : d'une part, qu'il existe sur la côte africaine des dolmens, monuments propres aux races occidentales ; de l'autre que la langue berbère n'a pas d'analogues en Asie. L'existence des dolmens en Afrique semblerait en effet relier les

Berbères aux Celtes, ou même à une race antérieure à ceux-ci, race que leur invasion en Europe aurait éparpillée et projetée partie au nord et à l'est de l'Europe, partie, peut-être, sur la côte africaine. Rien jusqu'ici ne dément ou ne confirme ces hypothèses; rien surtout ne permet encore de préjuger quelle durée et quel caractère aurait eus, sur notre sol, le séjour de ces bâtisseurs de dolmens : l'affinité linguistique du berbère aurait plus de portée, mais, à cette heure, personne que nous sachions n'a osé se prononcer sur sa filiation glossologique.

Qu'importe au surplus que dans les veines des populations berbères il coule ou non quelques gouttes plus ou moins altérées de sang atlante ou ibérique? Tant de siècles se sont écoulés depuis le temps où l'Ibérie et la Berbérie se touchaient par l'isthme de Gibraltar! tant de peuples se sont, depuis lors, choqués, superposés, mêlés sur tous les bords de la Méditerranée, qu'il est bien malaisé de rien entrevoir dans les profondeurs de ce passé antétraditionnel. D'ailleurs, un peuple n'existe que du jour où il forme une société; c'est-à-dire du jour où il adopte une langue, des coutumes et des usages communs. Je nomme la langue la première, comme l'élément le plus sérieux. Aussi me proposais-je de faire de l'idiome de nos indigènes la matière d'une étude spéciale et d'un article à part.

Aujourd'hui je veux seulement examiner de quels peuples anciens, les indigènes qui m'entourent et au milieu desquels je vis depuis tout à l'heure vingt ans, se rapprochent plus particulièrement, par les traits du visage, les usages et les habitudes. C'est l'objet du présent travail, et voici à quelle occasion j'en ai conçu la pensée.

II.

Le 27 octobre 1865, j'avais à défendre aux assises de Bône un indigène de la tribu des Beni-Ameur, Ahmed-ben-Ali, accusé d'un meutre commis dans les circonstances suivantes. Le 25 mars précédent, les gens de sa tribu avaient acheté en commun une vache pour la tuer le lendemain près d'un figuier vénéré sous lequel repose le marabout Sidi-Embarek. C'était un sacrifice qu'ils faisaient pour obtenir de la pluie, et presque toute la tribu y assistait. L'immolation accomplie, on se partagea les chairs de la victime qui furent consommées près du saint tombeau; puis on mit la peau aux enchères. C'est alors qu'une querelle surgit entre deux familles, et qu'Ahmed-ben-Ali, attaqué par ses adversaires, asséna sur la nuque de Messaoud-ben-Amar un coup de bâton dont celui-ci mourut la nuit suivante.

Le matin même de l'audience où je devais plaider cette cause, je faisais brûler des herbes hersées dans un champ qu'on allait labourer. Le jour venait de naître; la brise de mer ne soufflait pas encore; une large colonne de fumée blanche et à demi-transparente s'élevait doucement et droit au-dessus du foyer et allait se répandre dans le ciel. L'esprit tourné sans doute vers les idées de culte et d'holocauste par l'affaire qui m'était confiée, je songeais, en contemplant ce spectacle, que ces flocons de fumée perdus dans les airs avaient pu suggérer à nos premiers pères la pensée d'une relation par le feu entre la terre et les cieux; d'une sorte de message envoyé aux puissances divines, et enfin celle même du sacrifice, c'est-à-dire de l'oblation sous une forme sensible d'être vivants réduits en prière.

La première impression de l'homme en face des violences de la nature dut être celle de la terreur; frappé par les orages, les déluges, les convulsions volcaniques, il dut se demander nécessairement ce que lui voulaient ces puissances malfaisantes, et s'il n'avait pas irrité à son insu les maîtres de la vie. De là le sentiment de l'expiation, de la supplication tout au moins, et, par suite, la pensée du sacrifice. Aussi la genèse brahmique dit-elle : « L'être suprême produisit nombre de Dieux, essentiellement agissants, doués d'une âme, et une troupe subtile de Génies; *et le sacrifice fut institué* DÈS LE COMMENCEMENT (*Lois de Manou*, I. 22). » Aussi le sacrifice, c'est-à-dire l'oblation par le feu, a-t-il laissé des traces non-seulement dans la tradition, mais même dans l'histoire de presque tous les peuples. Il n'y a que des nations arrivées à la période philosophique, soumises à des institutions purement morales comme celles de Koung-fou-tssé et de Lao-tsseu, ou utilitaires comme celles de l'Egypte, ou réactionnaires comme celles de Bouddha, qui aient supprimé le sacrifice; mais partout où domine un rite révélé, le sacrifice subsiste, différant seulement par le choix des victimes et le but de l'immolation.

Il est probable que partout la victime a dû, d'abord, être l'homme lui-même. Sans parler des Américains, chez qui le christianisme seul a détruit le sacrifice humain, des races nègres chez plusieurs desquelles il est encore en pleine vigueur, nous le retrouvons à une époque relativement récente chez les Celtes et dans tout le rayon kimrique, chez les premiers Romains eux-mêmes et chez toutes les races syro-chaldéennes. La Bible elle-même nous en révèle un cruel exemple dans l'immolation d'Isaac que Dieu exige d'Abraham. Il est vrai que la substitution du bélier semble indiquer la transition qui s'opère alors dans les rites et les mœurs; cependant les massacres de Cananéens, de Madianites et de tant d'autres, égorgés par milliers sur l'ordre exprès du dieu des Hébreux, pourraient bien passer à bon droit pour des sacrifices humains.

Du quinzième au treizième siècle avant notre ère, la tradition et la poésie nous montrent le sacrifice humain oblatoire établi en Tauride; mais chez les Hellènes il a changé de caractère. Achille égorge, il est vrai, douze jeunes Troyens sur le bûcher de Patrocle; mais ce n'est plus une offrande aux dieux, c'est une vengeance, une réparation aux mânes de son ami; et encore ne faut-il pas oublier qu'Homère, en parlant de ce meurtre, déclare que le fils de Pélée *avait résolu dans son âme de commettre une mauvaise action.*

Outre ces douzes victimes humaines, Achille fait jeter dans le bûcher de Patrocle quatre chevaux, deux chiens « nourris de sa table » et sa propre chevelure. Chez les Sarmates également, on brûlait avec un chef ses femmes, ses esclaves, ses chevaux et ses chiens; mais, je le répète, ce n'étaient plus là des holocaustes offerts aux dieux; c'étaient ou des compagnons qu'on donnait au héros dans la mort, ou des gages de sécurité assurés au héros vivant contre les entreprises des siens.

L'usage des femmes indiennes de se brûler avec leur époux n'a-t-il pas le même sens?

En tout cas, dans l'Inde, cette comburation de la femme était volontaire. Parmi les sacrifices oblatoires et déprécatoires du culte brahmique, le plus solennel était celui d'un cheval, l'awsameda, où la victime était consumée tout entière en l'honneur des dieux. Mais le livre de

Manou (liv. V.) appelle également sacrifice toute immolation d'un être vivant destiné à la nourriture, et il n'en excuse le meurtre que sous le mérite des formules offertoires qui l'accompagnent. Ce n'en est pas moins là une face nouvelle du sacrifice, devenu purement utilitaire, qu'il est essentiel de remarquer. Chez les Hellènes, sous le régime héroïque, il n'en existe plus d'autre. Les victimes sont le plus fréquemment prises parmi les bêtes de boucherie. C'est le chef de dême ou de famille qui tient le couteau sacré. Une très-minime partie est brûlée à l'intention des dieux; le reste est livré aux assistants qui s'en nourrissent. Chez les Hébreux du Pentateuque, au contraire, le sacrifice est presque entièrement oblatoire, c'est-à-dire que la presque totalité de la victime est consumée et une faible portion seulement réservée pour le prêtre.

Le sacrifice d'une vache, accompli par les Beni-Ameur, sans intervention sacerdotale, avec les circonstances que j'ai dites: —offrande déprécatoire, pour obtenir de la pluie, et partage de la chair entre les assistants qui la consomment, —n'a, on le voit, aucun rapport avec les sacrifices hébreux, celtiques ou slaves; il reproduit, au contraire, exactement la formule du sacrifice hellénique, avec cette teinte égyptienne que la vache en Egypte était précisément consacrée à Isis, déesse de la pluie. (Diod., de Sic., liv. 1, 2).

Isis, en effet, de qui relevait l'eau et la terre, était la lune dans le mythe cosmologique des Egyptiens, et l'on sait quelle influence le vulgaire attribue encore à la lune sur la pluie et la végétation.

III.

Sans doute, ce fait d'un usage mythologique, nuancé

de rite hellénique et de croyance egyptienne, subsistant au milieu de populations musulmanes, ne saurait à lui seul, quelque remarquable qu'il soit, rien impliquer touchant l'origine de nos Berbères. L'Egypte et après elle sa parente l'Hellénie ont eu des relations incessantes de commerce et de colonisation avec le nord du continent africain, et il est naturel de retrouver des traces de ces relations dans les coutumes de nos indigènes. Aussi avant d'en rien préjuger, il faudrait trier, en quelque sorte, tous les usages de nos indigènes; et dans les traits de ressemblance qu'on y découvrirait avec ceux des anciennes nations de l'Orient méditerranéen, il faudrait discerner ceux qui ont pu naître fortuitement de conditions de vie identiques, de ceux qui sont vraiment traditionnels. Parmi ces derniers encore faudrait-il essayer de déterminer ceux qui sont de première ou de seconde main, et démêler enfin une à une les coutumes imposées aux habitants de l'Algérie par l'islam, Rome ou Carthage, la Grèce ou l'Hellénie et les autres races qui s'y sont tour à tour assises ou superposées.

Tel est, en effet, le but auquel je tends; et pour épuiser l'ordre d'idées qui me préoccupait tout à l'heure, j'en reviens aux habitudes rappelant d'anciens rites religieux.

Si je ne craignais pas de pousser un peu loin l'hypothèse, j'inclinerais à penser, par exemple, que l'habitude de jeter les marabouts dans la mer ou dans les rivières lorsque la sècheresse se prolonge, est un vestige bien fruste, bien effacé, mais pourtant reconnaissable encore, des sacrifices humains qui, je viens de le dire, ont souillé tant de parties de l'ancien monde durant la période titanique, et même plus tard sous l'empire des cultes cosmologiques et anthropomorphiques.

Or, ce mot de titanique me rappelle à l'instant une autre coutume de nos Arabes, où figure leur Chitann qui n'est autre, ce me semble, que le Titan hellénique, le Satan sémitique et le nôtre.

Lorsqu'ils sont atteints d'une maladie dont la diagnose échappe à leurs médecins, ce qui est fréquent, ils l'attribuent invariablement à l'influence de ce Chitann tour à tour considéré, dans les religions ou les initiations antiques, comme l'ami ou l'ennemi de l'humanité. Ils lui immolent un coq noir; si Chitann mange la victime, la maladie s'en va; si, au contraire, l'offrande est dédaignée la maladie persiste. Combien de Kabiles m'ont affirmé avoir vu Chitann manger le coq!

Les femmes indigènes ont également, dit-on, des pratiques bizarres et mystérieuses comme celles des Thesmophories. Là aussi il y a des immolations de poules rouges ou noires, égorgées avec des formules traditionnelles. Elles ont des philtres composés pour faire perdre la raison, et d'autres pour procurer des avortements.

En 1849 j'ai vu traduire devant le conseil de guerre de Bône, une *magicienne* des Beni-Urgines (ainsi s'exprimait la procédure), avec l'oncle et la mère d'une jeune fille à laquelle on avait fait prendre, dans le but de la faire avorter, un breuvage où entrait du crapaud et de la couleuvre écrasés. Pour que le remède opérât, il fallait qu'au moment où la patiente prenait ce philtre, elle fût couchée à terre, avec une pierre sur le ventre. Ce cérémonial avait été scrupuleusement observé et la malheureuse en était morte après d'affreux vomissements.

Ces sacrifices, ces philtres, ces breuvages au jus de reptile ne rappellent-ils pas non-seulement la Thessalie, mais l'Égypte si habile dans l'art des parfums et des poisons?

Avant de rechercher les autres points par où nos Berbères se rapprochent des races orientales, il n'est pas sans intérêt d'observer tout d'abord que sur ces hommes, dont la vie est si peu compliquée et par conséquent presque immuable, les impressions les plus anciennes sont celles qui demeurent les plus accentuées et les plus vives. A ce compte, ce seront nécessairement les derniers venus qui marqueront le moins. Aussi l'action des Romains et des Grecs proprement dits sur la race africaine, quoique sensible encore, est-elle toute extérieure; c'est dans le costume, les outils de travail et les habitudes y afférentes qu'il faut la chercher.

Les vêtements de nos indigènes, qu'ils conservent comme Priam (*Il.*, XIII) et Ulysse (*Odys.*, II), dans des coffres saturés d'essence de rose, semblent copiés sur les peintures antiques de la grande Grèce, de Rome ou de la Thébaïde. La gandoura brune à bandes jaunes que portent nos trafiquants et spécialement les Tunisiens, rappelle la *Paragauda* retracée dans la fresque de saint Jean de Latran. L'*Eudjar*, ou voile dont les femmes se couvrent le visage, semble l'héritier légitime de la *Kalyptra* grecque; et le *Chichia*, du *Pileolus* ou *Pilidion*. Lorsqu'un de nos fellahs découpe une paire d'*Elga* à même une peau de bœuf, on croit voir Eumée « se taillant des » sandales dans la dépouille d'un bœuf agréablement colo- » rié » (*Od.*, XIV); et lorsque ce même fellah laboure, dépouillé de son burnous et vêtu d'une simple tunique blanche bordée d'un large liseré rouge, on le prendrait volontiers pour un de ces *alticincti* dont on retrouve l'image dans le Virgile du Vatican, ou pour un de ces Egyptiens dont le costume, d'après Hérodote, consistait en une tunique de toile et un manteau de laine blanche. (*Eut.*, 81.)

La charrue arabe est encore l'*Aratron* des Grecs ; le soc y est placé de même, à plat, à la pointe du dentale. Le harnais d'un mulet arabe reproduit exactement celui de la bête de somme dessinée dans les ruines d'Herculanum : c'est le même bât retenu devant par l'*antilena*, et derrière par la sangle à demi-flottante qui bride et blesse les cuisses de l'animal.

Les vases de terre cuite que fabriquent nos potiers indigènes sont modelés sur les différentes formes d'*ampulla* recueillies dans les ruines de Rome ou les fouilles de Pompeï. Le *cadus* entr'autres, avec son goulot étroit et sa base terminée en pointe, sert ici à mettre de l'huile. Dans un article inséré à notre dernier bulletin, un de nos correspondants, archéologue plein de zèle et d'étude, M. le curé de Duvivier, a démontré que la mouture du blé et de l'huile se fait exactement aujourd'hui comme sous la domination romaine. Seulement est-ce aux Berbères ou aux Romains qu'appartenaient ces procédés de fabrication? Peu importe à la question qui nous occupe. Ce qui demeure acquis, c'est que beaucoup de vêtements, de vases, d'ustensiles de ménage, ont gardé des périodes romaine et grecque la forme qu'ils ont encore aujourd'hui.

IV.

La part de rapprochements et de souvenirs que peuvent revendiquer les Hellènes (j'entends par là les Grecs sous le régime héroïque et un peu au delà) est bien autrement importante que celle de leurs successeurs. Leur influence sur les coutumes de nos indigènes se reconnaît encore à de nombreuses traces. Maintenant, ces mœurs communes proviennent-elles toutes du commerce direct que les Hellènes ont eu avec nos Berbères, ou bien de ce que les uns et les autres ont puisé à la même source, l'Egypte ? Il y a là un partage assez difficile à faire. Toutefois, comme durant l'expansion coloniale, favorisée par la constitution du dème féodal, presque toutes les plages de la Méditerranée ont été visitées par les navires hellènes ; que plus tard, au VIIᵉ siècle avant J.-C., le développement de Cyrène et de ses annexes les a mis en rapport incessant avec les Libyens, il est hors de doute que leur action directe a dû être considérable. L'histoire, du reste, nous apprend que « les Asbytes, les Auschises, les Cabales » s'étaient approprié la plupart des coutumes des Cy- » rénéens. » (H., *Melp.*, 170, 171.) — La tradition ajoute : « que les Argonautes mêmes avaient lié com- » merce avec les Machlyes et les Auses établis au fond de » la petite Syrte. » (H. 179.)

Et, en réalité, que de ressemblances encore avec les Hellènes !

Dans la préface de sa *Grammaire Tamachek*, M. Hanoteau a consigné les quelques renseignements qu'il a pu recueillir sur les mœurs des Imouchak' ! Toutes sommaires que sont ces notions, elles sont précieuses aux rapprochements que j'essaye.

J'y puise tout d'abord (P. xxv) quelques lignes sur les razzias ou expéditions partielles que les Touaregs opèrent autour d'eux :

« Souvent en querelle entre eux et en hostilité pour ainsi dire permanente avec leurs voisins, ils font à ces derniers une guerre de ruse et de surprise, où tout l'honneur est pour celui qui sait le mieux tomber à l'improviste sur l'ennemi et lui enlever ses troupeaux. La gloire ne se mesure pas à la résistance vaincue, mais à la richesse du butin et à l'adresse avec laquelle on a trompé la vigilance de son adversaire. Dans ces razias soudaines, malheur aux vaincus! Les hommes sont exterminés sans pitié, les femmes violées et souvent mutilées pour leur arracher plus vite leurs bijoux. On égorge les moutons et les chèvres, et leurs chairs désossées sont entassées dans des sacs; les nègres seuls et les chameaux trouvent grâce devant le vainqueur, qui les ramène en triomphe dans son pays. »

Rapprochons de ce passage le récit fait par Ulysse de l'une de ses expéditions.

« Au sortir d'Ilion, dit-il, le vent me pousse à Ismare, sur les côtes des Ciconiens. Je saccage la ville, je détruis le peuple; nous partageons les femmes et les nombreux trésors que nous ravissons dans ces murs. Personne ne peut me reprocher de partir sans une égale part de butin (*Od., IX*). »

Ces deux tableaux ne sont-ils pas identiques?

Chez les Touaregs comme chez les Hellènes, la guerre n'est le plus souvent qu'un moyen d'acquérir.

Un héros hellène aurait été fort mal vu de son dème, s'il n'avait pas entrepris, de temps à autre, de ces coups de main pour procurer à lui-même et aux siens des esclaves, des métaux et des tissus. Ce n'était pas la gloire que l'Hellène non plus que l'Amachek' recherchait dans ces brigandages, c'était le profit; l'essentiel étant de réussir, la fourbe et la ruse y valaient autant que la force. Aussi les exploits d'Ulysse vont de pair dans Homère avec ceux d'Achille. Lorsque le fils de Laërte se révèle lui-même aux Phéaciens, il commence en ces termes: « Tous les hommes connaissent mes stratagèmes; ma gloire est montée jusqu'au ciel. (*Od. IV*). » Minerve elle-même sourit avec bienveillance aux mensonges d'Ulysse. Il est vrai que Minerve est une divinité berbère née sur la rive du Triton.

Ce souvenir de Minerve me conduit à un rapprochement de quelque portée.

Déjà, dans un article inséré dans la *Seybouse* du 3 août dernier, j'ai émis l'opinion, sur laquelle je reviendrai plus tard, que, par les habitudes de leur langage, nos aborigènes tenaient plus des Indo-européens que des Sémites; le même rapport se signale dans leurs tendances religieuses. Je m'explique.

D'après M. E. Renan, dans son *Histoire générale des langues sémitiques* (p. 3 et suivantes), un caractère qui distingue les Sémites entre tous les autres peuples, c'est la forme de leur idée religieuse presque absolument monothéiste, hostile au panthéisme et aux mythologies cosmologiques ou anthropomorphiques, qui appartiennent au contraire en propre aux nations aryennes.

« Les cultes vraiment sémitiques, dit l'éminent professeur, n'ont jamais dépassé la simple religion patriarchale... La façon nette et simple dont les Sémites conçoivent Dieu, séparé du monde, n'engendrant point, n'étant point engendré, n'ayant point de semblable, excluait ces grands poèmes divins où l'Inde, la Perse, la Grèce ont développé leur fantaisie, et qui n'étaient possibles que dans l'imagination d'une race laissant flotter indécises les limites de Dieu, de l'humanité et de l'univers. La mythologie, c'est le panthéisme en religion; or, l'esprit le plus éloigné du panthéisme, c'est assurément l'esprit sémitique. Qu'il y a loin de cette étroite et simple conception d'un Dieu isolé du monde, et d'un monde façonné comme un vase entre les mains du potier, à la théogonie indo-européenne, animant et divinisant la nature, comprenant la vie comme une lutte, l'univers comme un perpétuel changement, et transportant, en quelque sorte, dans les dynasties divines la révolution et le progrès. »

Si, d'une part, on admet le monothéisme comme un penchant spécial et tranché de la conscience sémite, tandis que le polythéisme serait une expression propre du génie aryen; si, d'autre part, on compte au nombre des Berbères les populations libyques établies autour des deux Syrtes, il s'ensuivra que, par ce côté encore, les Berbères s'écarteraient des Sémites et se montreraient non moins Aryens que les Hellènes, les Slaves et les Germains. Car Hérodote fait naître parmi eux plusieurs des divinités intronisées dans l'olympe : Neptune, Tritonis et Minerve entr'autres. Mais, peu importe et le nom et le nombre; il suffit que l'esprit libyque acceptât des dieux anthropomorphiques et surtout des déesses, idée abhorrente aux Sémites, pour trahir la parenté des Berbères avec la famille aryenne. Voilà donc des dieux d'origine libyque obtenant droit de cité chez les Hellènes; plus tard, les traditions religieuses de ces derniers prennent également cours chez leurs voisins libyens. La disposition d'esprit est la même des deux côtés.

Il est un autre trait de caractère par où les Berbères se rapprochent pareillement des Hellènes, c'est par l'instinct démocratique; car le sentiment de la démocratie existait déjà en Grèce, même sous les rois. Pour peu qu'on étudie avec attention l'*Odyssée* et même l'*Iliade*, on reconnaîtra que le dème formait auprès du héros un pouvoir délibératif souvent prépondérant. Télémaque défend à grand'peine son sceptre et son autorité contre le dème ithacien; et si Nestor ou Ménélas s'étonnent de l'intervention du peuple dans les affaires du jeune héros, ce n'est pas comme d'un empiétement nouveau et contraire au droit politique de l'époque, mais comme d'un ingrat oubli des bienfaits et de la bonté d'Ulysse.

Dans l'agora militaire, fait plus significatif encore, tous les guerriers avaient également voix consultative, sauf aux chefs à prendre le dessus et à diriger les votes.

Parmi les Doriens surtout, on retrouve coexistants trois éléments qui semblent contradictoires et qui pourtant se mariaient sans difficulté dans leur pensée : un amour profond de la démocratie, des chefs héréditaires et non-seulement des esclaves, mais des serfs, car les vaincus d'Hélos étaient plutôt des serfs que des esclaves.

Le même sentiment démocratique se retrouve encore vivant chez nos Kabiles. Chez eux, la constitution de la commune rappelle celle du dême, et leurs mia'ad (mot où se rencontrent les formatives du mot *dama*), les agoras helléniques. Mais ce qui rend le rapprochement plus frappant, c'est que ce démocratisme coexiste chez les Touaregs, comme chez les Doriens, avec les mêmes circonstances de chèferies héréditaires et d'ilotisme.

« Un fait qui domine tout l'état social des Imouchak', dit M. Hanoteau, c'est l'existence parmi eux d'une aristocratie de race. Les tribus se divisent en tribus nobles ou *Ihaggaren*, et tribus vassales ou tributaires, sous le nom générique d'*Imk'ad*... »

« Cet état de choses paraît remonter très-loin dans le passé, et seigneurs et vassaux ont perdu le souvenir de son origine. Les Imk'ad sont les descendants d'une nation vaincue... »

» Pour assurer leurs priviléges et maintenir des inégalités sociales si contraires aux instincts naturels de leur race, les tribus nobles ont dû, dès le principe, se donner une forme de gouvernement qui permit à un chef unique de concentrer leurs forces et de réunir leurs efforts contre les tentatives d'indépendance du peuple opprimé. Aussi la constitution politique du pays est-elle une espèce de monarchie féodale dans laquelle le roi gouverne avec l'assistance et probablement aussi sous la pression des chefs des principales tribus nobles. L'autorité royale... est d'ailleurs fortement tempérée par les mœurs démocratiques qui distinguent en général la race berbère. » — Ce tableau de la situation politique des Imouchak' ne semble-t-il pas une peinture de la constitution lacédémonienne ?

« Avant le mariage, poursuit M. Hanoteau, les jeunes filles jouissent d'une liberté que l'on peut à juste titre qualifier d'excessive. Elles se mêlent sans contrainte à la société des hommes et ne prennent nul souci de cacher leurs préférences ou leurs amours... Ces escapades ne nuisent en rien à la réputation des filles et ne les empêchent pas de trouver des maris. »

A l'excès près, voilà une facilité de mœurs qui rappelle non-seulement les habitudes anglaises, mais aussi celles des Hellènes, parmi lesquels la jeune fille jouissait d'une liberté qu'elle perdait en se mariant.

Entre les coutumes des anciens peuples, il faut en général compter au nombre des plus caractéristiques celles relatives au mariage et aux rapports sociaux de l'homme et de la femme.

En ce qui concerne le mariage, je ne sais pas exactement ce qui se pratique chez les Touaregs. L'usage d'acheter la femme existe chez les Kabiles, mais il existe aussi chez les Arabes, et il n'y a donc pas de conséquences rigoureuses à tirer de ce rapprochement.

Car si nous trouvons ce singulier contrat en vigueur

parmi les Sémites-Hébreux, si dans la Bible le serviteur d'Abraham achète Rebecca à Bathuel et à Laban moyennant de très-riches présents, si Jacob achète ses deux femmes Lia et Rachel au prix de quatorze ans de travail, nous le retrouvons également parmi les Grecs d'Homère.

Chez les Hellènes, avant le siége de Troie, l'époux, sans payer précisément sa fiancée, faisait au père et surtout à elle-même des dons plus ou moins considérables qui lui constituaient une dot. Climène, sœur d'Ulysse, est mariée à un habitant de Samos qui comble *ses parents* de dons infinis (*Od.*, 15). Hector ne reçoit la main d'Andromaque qu'après avoir fait de grands présents à Eétion (*Il.*, 22).

« Iphidamas, dit ailleurs Homère, meurt loin de sa » jeune épouse sans avoir pu lui montrer sa reconnais- » sance par de nombreux présents : car il ne lui a en- » core donné que cent bœufs ; et parmi ses innombra- » bles troupeaux de chèvres et de brebis, il avait promis » d'en choisir mille (*Il.*, 11). »

Ces présents, prix de la femme elle-même, se nommaient chez les Grecs *edna*.

La dotation de la femme indigène, achetée par le futur pour une somme débattue, est-elle autre chose que l'*edna* hellénique ?

Lorsqu'une femme indigène est répudiée par son mari sans motif sérieux, elle garde sa dot ; si, au contraire, elle a mérité ce mépris par sa conduite, elle la restitue.

Lorsque Vulcain a pris au filet Mars et Vénus et qu'il appelle les dieux à venir rire et s'indigner : « Mon piége » et mes lacs les retiendront, dit-il, jusqu'à ce que le » père de Vénus *m'ait rendu les riches présents d'hymen* » *que je lui ai faits* à cause de l'impudente épouse dont

» l'inconstance égale la beauté. » Les dieux ajoutent :
« Vulcain a raison, il obtiendra l'amende due pour l'adul-
» tère (*Od.*, liv. 8). »

Au livre II du même poëme, au contraire, lorsque
les prétendants pressent Télémaque de renvoyer Péné-
lope à son père : « Antinoüs, répond le prudent fils
» d'Ulysse, si je renvoie ma mère de ma demeure mal-
» gré ses désirs... j'aurai la douleur de rendre à Icare de
» nombreux présents. »

Il y a deux faits graves à constater dans cet exemple :
d'abord l'obligation de rendre à la femme ses présents
lorsqu'on la répudie sans qu'elle ait démérité, et, en second lieu, le pouvoir qu'a le fils aîné, chef de famille,
de renvoyer, même malgré elle, sa mère à ses parents.

Une femme de mon voisinage grondait son fils aîné qui
lui avait dit une injure ; le père arriva furieux et com-
manda au fils de battre sa mère, tant la prédominance de
l'homme sur la femme est constitutive de la famille arabe.
Or, Télémaque qui tout à l'heure pouvait, à sa guise, ou
renvoyer sa mère, ou la marier, avait aussi autorité
pour lui enjoindre publiquement de se retirer dans ses
appartements.—A la brutalité près, n'est-ce pas le même
sentiment ?

Je terminerai ce qui me reste à dire à ce sujet en si-
gnalant un autre trait de ressemblance.

Lorsqu'Achille donne des jeux funèbres après la mort
de Patrocle, il offre comme prix de la troisième lutte un
large trépied que les Grecs estiment douze taureaux, et
ensuite un bassin couvert de fleurs sculptées de la valeur
d'un bœuf.

Cet usage d'employer le bœuf et la vache comme valeur

d'échange est commune aux Arabes. Un de nos Drid me disait un jour : « On reproche à ma femme des légèretés, » mais peu m'importe ; elle fait très-bien le couscoussou, » et d'ailleurs elle m'a coûté vingt-quatre vaches que j'au- » rais bien de la peine à ravoir. Je ne m'en déferai pas.» — Iphidamas, que nous citions tout à l'heure, n'avait-il pas lui aussi acheté sa femme moyennant un nombre dé- terminé de têtes de bétail ?

Il semblerait évidemment résulter de ces exemples que les Arabes auraient plus de points de contact avec les Grecs qu'avec les Hébreux, à l'endroit des habitudes et des conditions de l'union conjugale, telles que les a réglées le Coran. Cependant je n'hésite pas à penser que l'achat de la femme est plus Sémite qu'Aryen. Mais ce qui diffé- rencie essentiellement la société berbère de la société arabe, c'est le rôle que la femme joue dans l'une et dans l'autre. Consultons à ce sujet M. Duveyrier. Nous choisi- rions difficilement un meilleur guide.

« Chez les Touareg, dit-il, la femme est l'égale de l'homme, si même, par certains côtés, elle n'est dans une condition meilleure.

» Jeune fille, elle reçoit de l'éducation.

» Jeune femme, elle dispose de sa main, et l'autorité paternelle n'intervient que pour prévenir des mésalliances.

» Dans la communauté conjugale, elle gère sa fortune personnelle, sans être jamais obligée de contribuer aux dépenses du ménage, si elle n'y consent pas... En de- hors de la famille, quand la femme s'est acquis, par la rectitude de son jugement, par l'influence qu'elle exerce sur l'opinion, une sorte de réputation, on l'admet volon- tiers, quoique exceptionnellement, à prendre part aux conseils de la tribu. Libre de ses actes, elle va où elle veut, sans avoir à rendre compte de sa conduite, pourvu que ses devoirs d'épouse et de mère de famille ne soient pas négligés. L'auteur des *Touareg du Nord* achève cette peinture par un tableau comparatif de la vie de la femme berbère et de celle de la femme arabe : d'un côté c'est la dignité de la mère de famille, de l'autre l'asservissement de l'esclave (p. 339). Plus loin, dans son chapitre intitulé *Caractères distinctifs*, M. Duveyrier rappelle : « Dans l'ancienne Egypte, d'après Diodore de Sicile (liv. I, ch. XX), la femme pouvait, par contrat de mariage, se réserver l'autorité sur son mari, même entre reine et roi, » — analogie intéressante qui s'harmonise fort bien à ce que nous exposons nous-même dans ce travail, et qu'il est bon de ne pas oublier.

Mais si par ce côté le courageux et érudit voyageur rapproche les Berbères des Couschites, il n'oublie pas une autre face du rôle de la femme, qui les assimile à nos Galls, ces redoutables envahisseurs que leurs femmes encourageaient au combat et animaient par des chants guerriers.

« Outre leurs dispositions naturelles à la bravoure chevaleresque, les Touareg sont encore sollicités à l'héroïsme par leurs femmes, qui, dans leurs chants, dans leurs improvisations poétiques, flétrissent la lâcheté et glorifient le courage. Un Targui qui lâcherait pied devant l'ennemi et qui par sa défection compromettrait le succès de ses compagnons d'armes, ne pourrait plus reparaître au milieu des siens. Aussi est-ce sans exemple.

« Entre Touareg, quand deux partis en sont venus aux mains et que l'un d'eux est battu, les vainqueurs crient aux vaincus, de ce cri sauvage qui leur est particulier :

Hia, hia ! hia, hia !
Il n'y aura donc pas de rebaza !

» Le rebaza est le violon sur lequel les femmes chantent la valeur de leurs chevaliers.

» A la menace du silence du rebaza, les vaincus reviennent à la charge, tant est grande la crainte du jugement défavorable des femmes. »

J'essayerai plus tard de démêler si ce trait d'union entre les Berbères et les Galls tient à une communauté d'origine ou au long contact des Ibères et des Celtes dans le midi de la France.

Les mêmes habitudes de bienveillance qui attachaient souvent l'esclave au héros, comme le montrent Eumée et Euryclée, existaient parmi les Arabes, où il n'était pas rare d'entendre le maître appeler l'esclave : « K'ouïa ! Mon frère ! » C'est ainsi que Télémaque appelle Eumée.

M. Duveyrier constate que le même sentiment a persisté chez les Berbères.

« Là, presque tous les Touareg nobles et riches, dit-il, ont des esclaves nègres du Soudan amenés par des caravanes, et aujourd'hui vendus à vil prix dans le pays ; quelques serfs en possèdent aussi... L'esclavage, chez les Touareg comme chez tous les peuples musulmans, est très-doux et n'a rien de commun avec le travail forcé des colonies. Dans la famille musulmane, l'esclave est traité par son maître avec les plus grands égards, et il n'est pas rare de voir l'esclave se considérer comme un des enfants de la maison. »

V.

De tous les rapprochements qui relient nos Arabes

algériens à l'antiquité orientale, le plus remarquable, c'est l'identité de leur musique avec la musique grecque; identité qui ne peut provenir chez deux races différentes que de leur long contact ou de leur communauté d'origine.

Cent fois, dans les cafés maures, sur les marchés, près des marabouts, j'avais entendu chanter des airs indigènes, et j'avais essayé d'en noter plusieurs. Mais l'absence de tonalité, au moins de celle à laquelle mon oreille est accoutumée, me gênait et m'arrêtait. Ces mélodies, très-variées d'ailleurs, ne reposaient évidemment pas sur notre système musical. Tantôt les voix des chanteurs accentuaient des phrases nettement rythmées, mais sans cadences harmoniques; tantôt elles se traînaient mollement, enharmoniquement, d'un intervalle à un autre fort élevé; mais il était aisé de reconnaître que ces enjolivements étaient comme des échappées en dehors du chant, qui se renfermait toujours dans une gamme plus restreinte que la nôtre.

Lorsque des instruments soit à cordes, soit à vent, jouaient parallèlement à ce chant, ils se livraient de leur côté à des écarts d'une entière indépendance. Parfois, il est vrai, ils répétaient simplement le motif du chant; mais le plus souvent, ils battaient des trilles effrénés, se perdaient dans des traits capricieux, jetaient au hazard des roulades et des séries de notes glissées. Tout cela n'approchait pas plus d'un accompagnement harmonique que ne le ferait le ramage de plusieurs oiseaux roucoulant au printemps, dans un même boccage, chacun selon son espèce.

Il y avait cependant à ce chant un accompagnement véritable, c'était celui d'instruments à percussion, à sons mats et neutres; c'était un frappement de tambour, un battement de mains continu, marquant le rythme avec nuances de temps forts et faibles. Ainsi s'accompagnaient les Egyptiens qui, se rendant à Bubaste, remontaient le Nil en chantant (*Her.*, II, 60).

A force d'écouter, il devint évident pour moi que cette musique bizarre, folle en apparence, et qui cependant passionnait vivement les auditeurs, était sœur de la musique grecque et de notre ancien plain-chant, qui, non plus qu'elle, ne connaissaient l'harmonie et avaient pour base, non la gamme diatonique déterminée par Guy d'Arezzo, mais tous les modes enfantés par les divers tétracordes et hexacordes de la mélopée antique.

Les instruments eux-mêmes en usage parmi les Arabes, rappellent exactement ceux de la Grèce, de l'Egypte et de la Judée. La cithare hellénique, mentionnée par Homère dans l'hymne à Mercure, ne diffère pas de la kithara ou kouitra arabe. La djouah ou flûte en roseau est le *monaulos* ou la flûte à trois trous des anciens. Le thar, — dof des Hébreux — et le bendir, le derbouka, l'atambor, l'atabal, tambours divers avec ou sans supports creux, avec ou sans anneaux de métal, se retrouvent dans les peintures antiques. Le fifre arabe est la *tibia gingrina* des Latins. Le kanoun rappelle la harpe de David et le kinnira grec ; c'est un perfectionnement de la lyre et du psaltérion, un premier essai du clavecin.

Lorsqu'en 1863 M. Salvator Daniel eut été reçu membre de notre Académie d'Hippone, je lui touchai quelques mots de ces observations recueillies depuis mon arrivée en Afrique et des conclusions que j'en tirais ; il m'envoya en réponse une brochure qu'il venait de publier sous le titre de : *La musique arabe et ses rapports avec la musique grecque et le chant grégorien.*

En effet, M. Daniel non-seulement admettait l'analogie des deux systèmes musicaux, mais il en prouvait l'identité en rapprochant des modes grecs anciens au moins les huit premiers modes arabes, ayant pour base des tétracordes pris dans notre gamme sans déplacement des demi-tons.

Ainsi pour lui le mode dorien des Grecs, premier ton du plain-chant grégorien, est exactement le mode *irak*, premier mode de la musique arabe. Le lydien, troisième ton du plain-chant, correspond au deuxième mode arabe, le mode *mizmoun*; etc. (1).

Donc plus d'hésitation possible. L'antique mélopée, dont nous ne connaissions guère que la théorie, se retrouve vivante dans le chant et l'instrumentation indigènes. Voilà un rapprochement complet et tout autrement significatif que ceux signalés jusqu'ici. Nous verrons tout à l'heure quelle portée il faut lui attribuer.

VI.

Quant aux Phéniciens et à leur colonie punique, sauf probablement l'usage de l'écriture, ils ont peu appris aux

(1) Voici, d'après M. Daniel, le tableau établissant les relations des huit modes arabes, avec ceux des Grecs et ceux du plain-chant.

Arabes.		Grecs.	Plain-chant.
1er mode.	irak,	dorien,	1er ton.
2e —	mizmoun,	lydien,	3e ton.
3e —	edzeil,	phrygien,	5e ton.
4e —	djorka	eolien,	7e ton.
5e —	l'saïn,	hyperdorien,	2e ton.
6e —	saïka,	hyperlydien,	4e ton.
7e —	meïa,	hyperphrygien,	6e ton.
8e —	rasd-edzeil,	hyper-mixo-lydien,	8e ton.

Berbères ; et cela se conçoit. Essentiellement trafiquants, ils ne cherchaient pas à faire l'éducation de leurs voisins ; leurs établissements étaient des comptoirs de commerce, et leurs voisins indigènes n'étaient pour eux que des producteurs ou des ouvriers.

Seulement sur les marchés phéniciens venaient aussi sans doute d'autres peuples de l'Asie-Mineure ou de l'Asie euphratique. A ces touristes lidyens ou araméens, j'attribuerais volontiers les mœurs des Ouled-Nayl.

On sait, en effet, que cette tribu a gardé la même facilité de mœurs qu'Hérodote prête aux femmes de Babylone et de Sardes, et je crois qu'elle y procède du même principe : l'intérêt commercial. Car, selon moi, l'obligation imposée aux femmes, à Babylone et dans d'autres villes asiatiques, de recevoir au moins une fois en leur vie les étrangers de passage, avait pour raison de déterminer les grandes caravanes de l'Inde à suivre de préférence telle ou telle route et à stationner là où leur était assuré un si bienveillant accueil.

VII.

Mais quelle qu'ait été sur nos indigènes l'influence des races que je viens de nommer, il y a chez eux certaines coutumes et surtout certains traits de visage qui viennent d'au delà. Pour atteindre ce fond sur lequel ont broché les Hellènes et les autres envahisseurs de l'Afrique, je pense qu'il faut remonter jusqu'à l'Egypte.

Hérodote nous dit positivement que les Libyens, les Ammonéens du moins, étaient des colons de l'Egypte et de l'Ethiopie (*Eut.*; 42). En fût-il autrement, on trouverait encore une explication suffisante des analogies que je suppose, dans les migrations égyptiennes qui ont eu lieu sous les hyksos. Car il est constant qu'après l'invasion des rois pasteurs, les habitants du Delta, traversant la Lybie, vinrent s'établir sur les plages et dans les montagnes situées à l'ouest de la Syrte, et cela en nombre si considérable, que ces rois, effrayés du dépeuplement de la Basse-Egypte, défendirent l'émigration sous des peines sévères et firent garder la frontière libyenne.

Or Hérodote, qui a une notion géographiquement exacte de notre Algérie, explique fort bien « qu'à l'oc-
» cident du fleuve Triton, après les Auses, la Libye ap-
» partient à des laboureurs qu'on nomme Maxyes. » Il ajoute : « que la partie orientale de la Libye, celle que
» les Nomades habitent, est basse et sablonneuse jus-
» qu'au Triton. Mais que celle au delà de ce fleuve, au
» couchant, séjour des laboureurs, est montagneuse,
» couverte de forêts et hantée de bêtes fauves (*Melp.*,
» 191). »

C'est, selon moi, à ce riche pays de culture, à ces Maxyes laboureurs et hospitaliers, que les émigrants égyptiens ont dû venir demander asile. Et — fait digne de remarque ! — ils auraient apporté dans nos contrées, outre leurs usages héréditaires, quelques-uns de ceux des Nomades parmi lesquels ils étaient contraints de stationner durant leur long pèlerinage. Ainsi ils auraient emprunté aux Adymarchides les anneaux de métal que leurs femmes portaient autour de chaque jambe ; aux Nasamons l'usage de récolter les sauterelles, de les sécher au soleil et de les conserver dans des peaux de bouc ; aux Maces les coiffures et les djébiras couverts de peaux d'autruche, et l'habitude de tatouer les enfants au front et au visage.

Quant à la coutume de se teindre le corps avec du henné, elle existait déjà chez les Maxyes (Her., *Melp.*, 168, 171, 172, 191, etc.).

Mentionnons en passant que ces Maxyes, d'après l'illustre Halicarnassien, se prétendaient issus des Troyens (*Melp.*, 197) ; rapport de plus de nos aborigènes avec l'orient de la Méditerranée.

VIII.

On se demandera probablement pourquoi, citant les différentes nations qui ont laissé parmi nous des marques de leurs relations commerciales ou de leur invasion à main armée, je n'ai pas encore parlé des derniers venus, des Arabes, qui cependant ont imposé leur nom à la moitié de nos indigènes ? C'est que les usages de provenance arabe, purement religieux, sont communs à tous les musulmans. Encore y a-t-il à noter cette singularité que presque tous viennent originairement de l'Egypte.

Exemples : « Les Egyptiens pratiquaient la circoncision, » ils écrivaient de droite à gauche, ils se lavaient à l'eau » fraîche deux fois par jour et deux fois par nuit. Ils re-» gardaient le porc comme impur. Les hommes s'y ac-» croupissaient pour uriner; enfin leurs voisins les Maces » se coupaient la chevelure et ne laissaient pousser » qu'une touffe au milieu de la tête, se tondant tout alen-» tour jusqu'à la peau (Her., *Eut.*, 35. *Melp.*, 175). »

Autant de coutumes sanctionnées par le Koran.

De l'ensemble de ces documents, ne ressort-il pas manifestement que les indigènes algériens, au moins ceux de notre province, doivent à l'Hellénie et à l'Egypte, directement ou indirectement, la plupart de leurs usages ?

A la suite des passages appartenant au livre d'Euterpe, et que je viens de citer, Hérodote dit : « Les autres » hommes vivent séparés des bêtes, tandis que les Egyp- » tiens vivent pêle-mêle avec elles. » — Il suffit d'entrer, ici, le soir, dans une tente ou dans un gourbi, pour s'assurer que nos indigènes sont encore tout à fait Egyptiens sous ce rapport.

J'ai parlé des traits du visage. Ce serait folie assurément de prétendre qu'une nation aussi souvent conquise et remaniée que celle de nos indigènes, puisse présenter un type uniforme. Il n'en est rien. On y rencontre à côté de têtes évidemment sémites au long nez droit et aigu, aux larges paupières, des figures septentrionales, blanches et roses de peau, aux yeux bleus, aux cheveux blonds, et vingt autres modifications qui accusent des mélanges infinis. Mais parmi ces types, il en est un que je vois fréquemment sous nos tentes et qui me frappe toujours par son étrangeté ; en voici les principaux caractères : face plutôt carrée qu'oblongue ; lèvres grosses et rebordées sur bouche moyenne, petite même parfois ; nez légèrement applati et narines ouvertes ; peau douce, mate, unicolore ; pommettes plus ou moins saillantes ; menton arrondi ; yeux noirs, veloutés, grands, bien fendus, voluptueux et doux chez les femmes surtout, et dont la paupière supérieure trace en se repliant une ligne exactement parallèle à la frange des cils. N'est-ce pas là le type que l'on retrouve à peu près constamment sur les boîtes à momies, l'ancien type égyptien par conséquent (1) ?

(1) Ces observations, il est vrai, portent surtout sur des gens des environs de Bône ; mais il ne faut pas oublier que les principales tribus berbères ont laissé des spécimens de leur race autour de notre vieille Hippo-Regia. — Leurs deux plus glorieuses familles,

Enfin le livre de Melpomène, dans lequel j'ai si largement puisé, renferme un document curieux qui prouve
que si les Libyens ont emprunté aux Grecs, les Grecs ont
aussi emprunté aux Libyens; d'où je conclus que la civi-
lisation relative de ceux-ci était déjà formulée à l'arrivée
des derniers.

Lorsqu'Hérodote parle du combat que les jeunes filles
auses se livraient le jour de la fête de Minerve sur les
bords du lac Triton, il se demande : « Quel était le cos-
» tume de ces vierges avant que les Auses n'eussent
» pour voisins les Grecs ? Je ne puis le dire ; mais je pré-
» sume qu'on les parait d'armes égyptiennes ; car je crois
» que le casque et le bouclier sont venus d'Egypte en
» Grèce. D'après les Auses, Minerve est fille de Nep-
» tune et de Tritonis. Elle eut sujet de se plaindre de
» son père et se donna d'elle-même à Jupiter qui l'adopta
» (*Melp.*, 180) (1) ; » et plus bas (189) : « Les Grecs ont
» pris des femmes libyennes le costume et l'égide de Mi-
» nerve... Il semble même que les hurlements (*ululatus*)
» que l'on fait dans les temples viennent de ce pays. Car
» les femmes en usent, et elles en usent bien. »

les Sanhadja et les Zenata, ont encore des représentants tout près
de nous. Ce que je dis des indigènes de notre voisinage est donc
probablement applicable à la plupart des riverains du littoral méditerranéen.

(1) On sait que Diodore explique le mythe égyptien tour à tour
comme divinisation des astres et des forces naturelles, et comme
apothéose des hommes qui ont rendu le plus de service à l'huma-
manité. Quoi qu'il en soit, dans ce système on comprend que la
Grèce ait accepté au rang de ses dieux Neptune et Minerve, qui lui
apportaient des bords du lac Triton le cheval et l'olivier, s'il faut en
croire la tradition.

Ainsi c'est de nos indigènes que les Grecs ont appris ce *lu-lu-lu* dont ils ont fait un mode de prière.

Si notre travail devait s'arrêter là, tout ce qu'on en pourrait légitimement induire, c'est que les peuples appartenant au bassin oriental de la Méditerranée, et surtout les deux que je viens de nommer, égyptiens et hellènes, doivent être considérés comme ayant fourni un contingent, un élément important à la partie berbère de notre population, ou tout au moins comme ayant exercé sur elle une influence prédominante jusques à l'assimilation.

Mais ce n'est là qu'une très-minime partie de la question que je me suis posée. Je l'ai résolue la première, parce qu'il était naturel et, selon moi, conforme à une bonne méthode, d'observer d'abord les fractions, disons mieux, les débris de race berbère disséminés sous mes yeux; et de ces fractions ou débris, d'étudier et constater d'abord ce qu'il y a de plus extérieur, le visage et les habitudes.

Mais ce n'est là qu'un premier aperçu, aperçu qui demeurerait sans valeur s'il restait isolé, puisqu'il se borne à constater ce qui est, sans en rien déduire; il n'a de sens qu'autant qu'il sert de préambule à une induction et à une conclusion touchant l'origine des Berbères. Or, c'est un problème très-compliqué que celui de l'origine des Berbères, et pour le résoudre, il faut commencer par en éclaircir un autre qui ne l'est guère moins, celui-ci : que faut-il entendre positivement par l'ethnique BERBÈRE? De même que les anciens comprenaient sous le nom de Barbares, non-seulement les Berbères, mais tous les peuples dont ils ne comprenaient pas la langue et ne partageaient pas la religion, il serait possible que, par une exagération analogue, nous donnassions aujourd'hui, à tort, le nom de Berbères à tous les peuples de l'Afrique auxquels les anciens appliquaient le nom de Barbares.

Sur cette donnée, il faudrait admettre que les Berbères auraient possédé, ou au moins parcouru, tout ce que l'antiquité a connu de l'Afrique, l'Egypte excepté (et encore !) depuis Massouah et les côtes de l'Abyssinie, jusqu'aux rivages atlantiques.

Si, au contraire, nous réservons la dénomination de Berbères 1° à la partie des races libyennes qui n'étaient ni égyptiennes, ni éthiopiennes, 2° à la partie des races barbaresques et sabariennes qui ne sont ni nègres ni arabes, nous aurons un peuple encore extrêmement composé, mais dont cependant il semble possible de reconnaître les premiers et les principaux facteurs.

Or ce peuple ainsi limité, à quelle famille appartient-il par ses éléments primordiaux et constitutifs? Je crois pouvoir répondre dès à présent : à la race indo-européenne, et ce qui s'y rencontre de sémite ou de couschite est adventice.— J'emploie ici le mot couschite dans le sens déterminé par M. Renan.

La première assise reconnaissable au moins par la glossologie le ferait, selon moi, parent des Iaones, des Hellènes, par conséquent.

D'autres assises sembleraient trahir chez lui des affinités avec les Celtes, les Ibères, peut-être. Nous verrons.

Il paraît, du reste, que l'anthropologie commence à confirmer ces inductions et que dans les tombes mégalithiques de l'Algérie, à côté de quelques crânes égyptiens et éthiopiens, prédominent les crânes aryens.

DEUXIÈME PARTIE [1].

Dans le troisième numéro de ce bulletin, j'ai indiqué les usages et les coutumes que le voisinage, le commerce ou la pression des nations étrangères ont enseignés aux Berbères; j'essaierai dans celui-ci de reconnaître à quelles familles de peuples appartenaient les premiers habitants

[1] Plusieurs des questions ethnologiques touchées par M. le généra-Faidherbe dans son article anthropologique et par moi dans celui-ci, sont résolues presque dans le même sens. Ce rapprochement doit donner d'autant plus de poids aux solutions dans lesquelles nous concordons ainsi, qu'il n'a rien de prémédité, chacun de nous s'étant formé l'opinion qu'il a émise dans une complète indépendance et ignorance de celle qui se formulait près de lui; d'où il me semble légitime de tirer cette déduction que ces solutions ont quelque raison d'être et méritent attention. Il est cependant un point de doctrine sur lequel je m'écarte de mon honorable collègue : rien ne justifie à mes yeux le polygénisme humain auquel il paraît incliner. Les conséquences de cette divergence sont considérables; car si on pose en axiome historique, comme le fait de son côté M. le général Faidherbe, que le principal peuplement de la Berbérie ait dû venir de l'Hespérie, je repousse l'idée que ce premier peuplement procède de races *autochthones*, et je remonte à une source commune pour y trouver l'origine aussi bien des colons arrivés en Berbérie par cette route, que de ceux venus par le Delta. — Il y a tout un monde entre ces deux hypothèses.

4

de la Berbérie, que l'antiquité désignait sous les noms de Libyens, de Numides, de Gétules et de Maures. L'histoire sait rarement les premières origines des nations. Quand elle leur en assigne d'explicites, ce sont le plus souvent des fables. Mais à son défaut, il y a quatre éléments de probabilité qu'on peut interroger : 1º la tradition, 2º la position géographique du peuple qu'on étudie et l'ethnologie de ses limitrophes, 3º ses traits de mœurs et de caractère, 4º sa langue.

I. — HISTOIRE ET TRADITION.

Pour les Berbères, l'histoire est muette, la tradition est vague et obscure; les anciens n'ont connu des Berbères que les apparences; j'entends par là leur vie extérieure et leurs habitudes; les modernes n'ont encore que conjecturé. Examinons pourtant ce que les uns et les autres ont écrit. Si je n'y rencontre pas de grandes lumières, j'en tirerai du moins l'avantage de faire toucher au doigt la difficulté de mon entreprise et l'indulgence qu'elle mérite.

Presque tout ce que les historiens arabes et berbères ont dit de l'origine de ces derniers, Ibn-Khaldoun l'a reproduit ou analysé (1). Quelle est la valeur de ces documents ? On peut s'en rapporter à cet égard à l'appréciation d'un orientaliste dont le jugement égale la science, M. le baron de Slane (2); je crois néanmoins qu'il n'est pas sans

(1) *Histoire des Berbères*, traduite par M. le baron de Slane, t. I, p. 173 et suivantes; t. III, p. 183 et suivantes; *et passim*.

(2) T. IV, p. 556. — « Même en ce qui touche à l'histoire de leur propre pays, les Arabes n'ont jamais eu que des notions très-confuses... leur histoire des patriarches est d'une absurdité révoltante... On ne peut donc espérer des Arabes une suite de bons renseignements sur un peuple aussi

intérêt de les résumer ici, par plusieurs raisons. D'abord
parce que pour se convaincre de la frivolité de ces fables,
encore faut-il se rendre compte de l'esprit qui les a dic-
tées; et cet esprit frappe surtout lorsque, les dévidant
une à une, on leur reconnaît à toutes le même but; je
veux dire la volonté absolue, et faisant litière de toute
critique, de renouer les Berbères par un fil quelconque,
aussi bien que les Arabes eux-mêmes, aux fils de Noé, en
dehors desquels pas de salut pour les croyants de l'Islam,
pas plus que pour ceux du Pentateuque. En second lieu,
si l'on se bornait à affirmer de haute lice l'intention purement politique et religieuse de ces imaginations, on laisse-
rait probablement des incrédules derrière soi; ces traditions, quelles qu'elles soient, ont eu cours non-seulement
chez les musulmans, mais chez plusieurs écrivains juifs
et chez des historiens chrétiens antérieurement à l'expansion arabe; elles exercent encore sur la science moderne
une influence qui l'égare : il serait donc imprudent de les
traiter trop à la légère.

Toutes ces analyses d'Ibn-Khaldoun, touchant la généalogie des Berbères, se rangent sous trois rubriques distinctes : origine sémitique, origine chamitique, origine
mixte.

Examinons la première de ces hypothèses. « Les uns,
dit Ibn-Kaldoun (1) (car il n'indique pas toujours les sources
où il puise), regardent les Berbères comme descendants
de Yacsan, fils d'Abraham et de Kethura (2). » Eusèbe

obscur que la race berbère. — Comment pourraient-ils nous enseigner
l'origine de ce peuple, eux qui n'ont pas fait de recherches sur leur propre
origine tant qu'ils ont ignoré l'islamisme ? »

(1) *Hist. des Berbères*, t. I, p. 172.

(2) Bochart, combattu, il est vrai, par D. Calmet, mais soutenu par

raconte également, d'après Josèphe (1), que les Maures
descendent d'Afer, fils d'Abraham et de Kethura, qui aurait passé de l'Arabie en Afrique, aurait conquis cette
vaste contrée et changé son nom, qui était Pout, en celui
qu'elle porte aujourd'hui (2). « D'autres, poursuit Ibn-
Khaldoun, les considèrent comme Yéménites (3). » —
C'est effectivement l'opinion de la plupart des soutiens de
l'origine sémitique. Pour les uns, ce sont des colons
laissés à dessein dans le Maghreb par Abraha-dou-'l-Me-
nar; pour les autres, des émigrés appartenant « aux tribus
de Lakhm et de Djodam, qui, après avoir habité la Palestine, en auraient été expulsés par un roi de Perse, et
qui, repoussés de l'Egypte où ils s'étaient réfugiés, se seraient répandus en Afrique (4); » pour El-Masoudi, c'est
« un débris des Ghassanides (5). » — Rappelons-nous en
passant que les Ghassanides et les Lakhimites comptaient
au nombre des plus nobles et des plus illustres familles de
l'Yémen. Les premiers ont été phylarques de la Syrie, les
seconds, rois de Hira (6). Les tribus berbères auxquelles
on les donnait pour ancêtres n'étaient pas mal partagées.
Ibn-el-Kelbi fait aussi des Ketama et des Sanhadja « des
Yéménites venus en Ifrikia avec Ifrikos-Ibn-Saïfi (7). » —
« Quelques peuplades berbères, dit Ibn-Abdelberr (8),
prétendent former la postérité d'En-Noman, fils de Hi-
myer-Ibn-Sebâ. Moi-même, ajoute-t-il, j'ai lu dans l'ou-

d'assez nombreux adhérents, considère Yacsan, fils de Kethura, comme
l'une des tiges de la race arabe.

(1) *Antiquités judaïques*; I, 15.
(2) L. Marcus : *Hist. des Vandales*, p. 237.
(3) *Hist. des Berbères*, t. I, p. 173.— (4) Id., t. I, p. 174. —(5) Id.,
t. I, p. 174. —(6) Id., t. IV, p. 566. —(7) Id., t. IV, p. 570. — (8) Id.,
t. I, p. 174.

vrage d'Isfenda le philosophe qu'En-Nomân était le roi de
la période qui sépare la mission de Jésus de celle de Ma-
homet. » — Suit une équitable répartition des enfants de
ce grand monarque : « Lemt est l'aïeul des Lemtouna,
Mesfou des Messoufa, Merta des Heskoura, Asnag des
Sanhadja, Lamt des Lamta, Aïlan des Heïlaua. » — Con-
statons, pour être juste, qu'Ibn-Hazm et Ibn-Abdelberr
lui-même contestent l'exactitude de cette histoire (1).
« L'envie montrée par les Berbères de se rattacher à la
souche arabe était tellement forte, dit M. de Slane (2),
qu'Ibn-Khaldoun lui-même n'a pas pu s'empêcher d'en
signaler la folie. » — En effet, celui-ci dit en propres termes (3) : « Quant à l'opinion des généalogistes zénatiens
qui supposent que les Zenata descendent de Himyer, elle
est repoussée par Ibn-Abdelberr et par Ibn-Hazm. Celui-ci dit que « les Himyérites ne se sont jamais rendus en
» Maghreb que dans les récits mensongers des historiens
» yéménites. » Ibn-Khaldoun explique fort bien que les Zénatiens ont inventé ces mensonges parce qu'ils ont cru se
relever au-dessus de leurs frères berbères en se créant un
lien de parenté avec une famille noble de l'Arabie; mais que
cette prétention est aussi dénuée de fondement qu'irréfléchie.

D'après M. L. Marcus (4), les Marmarides dont le nom
ne formerait pour lui que le réduplicatif de celui de
Maures, seraient les premiers Libyens auxquels on aurait
assigné une provenance sémitique ; « Eustathe, commentateur de Denys-le-Periégète, les rattache aux Hycsos (5). »

(1) *Hist. des Berbères*, t. I, p. 175. — (2) Id., t. IV, p. 570. (3) Id.,
t. III, p. 183.

(4) *Hist. des Vandales*, p. 224.

(5) Eustathii *scholia in Dionys*, perieg. vers 214. — Je place cette
opinion sous la rubrique de l'origine sémitique arabe, parce qu'il me paraît

J'ai déjà dit ailleurs comment Aménophis-Tethmosis assiégeant les Hycsos dans Aouaris, un traité intervint entre ceux-ci et le Pharaon thébain, par lequel ils obtinrent de quitter l'Egypte avec leurs familles, leurs troupeaux et leurs biens sous la condition de se retirer par la route du désert en Asie et de se rendre en Assyrie, ce qu'ils exécutèrent (1). — M. Champollion fixe la date de cet évènement à 1822 avant J.-C., M. Rodier à 1945 (2).

Il est encore une autre filière par laquelle on a essayé de rejoindre les Berbères aux Sémites; c'est par les Amalécites. Dans cette hypothèse, ils descendent de Berber, fils de Temla..., fils d'Amalech, fils de Laoud (Lud), fils de Sem (3). — Il y a là d'abord une confusion à signaler. Lud est bien effectivement rangé par la Genèse (4) au nombre des protogénits de Sem; mais, d'après Josèphe, saint Jérôme, Eusèbe, saint Isidore, Eustathe, toute la maîtrise enfin des faiseurs de marqueterie biblique, il serait le père des Lydiens, et n'aurait rien de commun avec les Amalécites. Ceux-ci descendraient, dans le même système, d'Amalech, fils d'Esaü et de Thamna, et ils auraient été exterminés par Saül. Aussi Ibn-Khaldoun dit-il (5)

que c'est là pensée du commentateur; mais en réalité on ne sait pas au vrai ce qu'étaient les Hycsos (*hyc* en égyptien signifiait fugitif, et pillard, quelque chose comme nomade, bedouin). Mais M. Champollion pense que c'étaient des Scythes (*Egypte*, p. 273), tandis que les Juifs, Josèphe en tête, voulaient qu'ils fussent de leur race; M. G. Rodier les suppose Chamites. A la manière dont ils ont dévasté l'Egypte et renversé brutalement tous ses monuments, j'inclinerais à les croire Arabes.

(1) Champ.: *Egypte*, p. 300 et suivantes.

(2) *Revue libérale*, nº 1, p. 84.

(3) *Hist. des Berbères*, t. I, p. 176.

(4) *Genèse*, ch. x, 22.

(5) *Hist. des Berbères*, t. III, p. 185.

à propos de cette tradition : « L'assertion que les Zenata appartenaient à la race amalécite ne peut se soutenir. Il y avait en Syrie deux peuples appelés Amalécites (1).
Le premier, composé des enfants d'Esaü, fils d'Ishac
(Isaac), ne forma jamais une grande nation ; tombé ensuite
dans une obscurité profonde, il finit par dépérir sans qu'on
puisse en citer un seul individu qui ait passé dans le Maghreb. L'autre possédait en Syrie une dynastie et un
royaume même avant l'arrivée des Israélites. Ceux-ci s'em-
parèrent de Jéricho, capitale de son empire, arrachèrent
la Syrie à sa domination, ainsi que le Hedjaz, et le mois-
sonnèrent avec l'épée. Comment, ajoute Ibn-Khaldoun,
les Zenata peuvent-ils alors faire partie d'une nation déjà
anéantie ? Si l'histoire rapportait un tel fait, on hésiterait
à y ajouter foi ; pourquoi donc y croire quand l'histoire
n'en dit rien. »

Voilà déjà une des trois hypothèses mise à néant ; Ibn-
Khaldoun tout seul s'est chargé d'en faire justice : les
Berbères n'appartiennent à la souche sémite ni par le rameau yacsanite, ni par l'yéménite, ni par l'himyérite, ni
par l'amalécite. Passons à la seconde opinion, qui veut
voir en eux des Chamites (2). Les partisans de cette hy-

(1) La Bible semble effectivement prêter à cette interprétation. Car non-
seulement il est question (ch. XXXVIII, 12) de l'Amalech, fondateur d'une peuplade iduméenne d'Amalécites ; mais, dès avant la naissance d'Isaac (ch.
XIV, 7), on lit qu'un certain Chodorlahomor ravagea *tout le pays des
Amalécites.* — Suivant D. Calmet, il faut entendre *le pays qui sera plus
tard habité par les Amalécites.* Soit ! mais les critiques musulmans ne le
comprennent pas ainsi.

(2) J'emploie ici le mot de Chamite, quoique je n'y attache qu'un sens
de convention, parce que celui de Cananéen serait trop restrictif. Les Philistins, dans la Genèse, ne descendent pas de Canaan, mais de Misraïm.

pothèse ne sont pas plus d'accord que ceux de la précédente sur les généalogies qui doivent rattacher les Berbères au second fils de Noé. Est-ce de Misraïm, est-ce de Canaan qu'ils proviennent? Tous reconnaissent que la Palestine a été le premier habitat des uns et des autres; mais qui les en a expulsés? est-ce Josué, est-ce David, est-ce le fait de quelque autre invasion? — Es-Soheili répond (1) : « C'est Yémen (ou Yarob), fils de Cahtan, qui » les exila dans le Maghreb après qu'ils eurent été les » tributaires de Cout, fils de Japhet. » Cette domination des Japétites dans le pays de Canaan serait un fait dont il faudrait prendre note, si les conteurs arabes méritaient la moindre confiance. — « Suivant d'autres, dit Ibn-Khaldoun (2) (et nous verrons bientôt que cette opinion est la seule qu'il admette), les Berbères ont pour aïeul Berber, fils de Temla, fils de Mazigh, fils de Canaan, fils de Cham. » — Es-Souli (3) place aussi Berber parmi leurs ancêtres; mais, pour lui, Berber n'est plus fils de Canaan, il est fils de Kesloudjim (Caslubim) fils de Misraïm. Un troisième renoue le même Berber à Amalec, fils de Lud (4). — Rien de plus élastique qu'un ancêtre dans la main des historiens arabes. — Ibn-Abdelaziz-el-Djordani (5) est d'avis, comme Es-Souli, que les Berbères viennent des Philistins et faisaient partie du peuple du Djalout, seulement il ne dit pas de quel Djalout il entend parler. Car Djalout (Goliath) n'est pas un nom d'homme; c'est un titre donné par les Philistins à leurs

---

Aussi Ibn-Khaldoun, qui tient à relier (on le verra tout-à-l'heure) les Berbères aux Cananéens, en fait-il des Gergéséens.

(1) *Hist. des Berbères*, t. I, p. 182. — (2) Id., t. I, p. 178.—(3) Id., t. I, p. 176. —(4) Id., t. I, p. 176. — (5) Id., t. I, p. 177.

chefs (1). Mais Ibn-Coteiba lui vient en aide et répare amplement son oubli ; au lieu d'une généalogie du Goliath, il en donne deux (2). Dans l'une et dans l'autre ce Djalout ou Goliath est bien celui tué par David, et son nom propre est *Ouennour;* dans la première figurerait au nombre de ses ascendants Madgis-el-Abter, ce qui le rattacherait à la race arabe de Caïs, fils de Ghaïlan ; tandis que dans la seconde il remonterait à Fars, ce qui en ferait un Iranien (3).

Abdallah-el-Bekri (4), seigneur de Huelva en Espagne,

(1) *Hist. des Berbères,* t. IV, p. 572. — (2) Id., t. I, p. 175.

(3) « Le même antiquaire (Ibn-Coteiba), dit M. de Slane (t. IV, p. 572), nous apprend que Djalout était fils de Heryal, fils de Djaloud, fils de Dial, fils de Cahtan, fils de *Fars,* « personnage bien connu, et que Sefk (Sefek » ou *Sofok)* est l'ancêtre de tous les Berbères. » Ce dernier renseigne- » ment, introduit si abruptement, n'est connu d'aucun autre généalogiste musulman ; mais on peut voir quelque chose de semblable dans Josèphe *(Antiq.,* I, 15). Cet auteur nous apprend, sur l'autorité d'Alex. Poly-histor, que « Didor, fils d'Hercule, engendra Sophon (ou plutôt *Sophak,* » v. Plutarque, *Sert. 9),* de qui les Sophakes, peuple barbare, tirent leur » nom. » Ce Sophak nous est, d'ailleurs, connu par Appien et Suidas ; Ptolémée, dans sa description de l'Afrique, place les *Sophoukaïoi* dans la partie méridionale du pays qui forme maintenant l'empire du Maroc. C'est donc des Grecs, probablement de quelque prêtre chrétien de la Syrie, qu'Ibn-Coteiba (ou l'auteur qu'il cite) a tiré une indication échappée à tous les autres généalogistes musulmans, tant arabes que Berbères. Le nom de *Fars* ou *Fares* est bien connu de ces auteurs ; ils représentent ce personnage comme l'aïeul des Persans et comme fils de Lud, fils de Sem. C'est un des échelons que les savants musulmans ont inventés afin de pouvoir rattacher tous les peuples qui leur étaient connus à l'arbre généalogique où l'auteur de la Genèse représente les diverses branches de la famille de Noé... Pline, le naturaliste, parle de l'établissement d'un peuple persan ou *pharusien* en Afrique, et il le place dans la partie sud du Maroc, ainsi que Ptolémée dont les *Pharousioi* se trouvent dans le voisinage des *Sophoukaïoi.* »

(4) *Hist. des Berbères,* t. I, p. 177 et suivantes.

fait chasser les Berbères de la Syrie par les Israélites après la mort de Goliath. « Ils auraient voulu rester en Egypte, mais ayant été contraints par les Coptes à quitter ce pays, ils allèrent à Barca, en Ifrikia, et en Maghreb. Ayant eu à soutenir dans ces contrées une longue guerre contre les *Francs* et les *Africains*, ils les obligèrent à passer en Sicile, en Sardaigne, en Majorque et en Espagne. Ensuite la paix se rétablit à la condition que les Francs n'habiteraient que les villes du pays. Pendant plusieurs siècles, les Berbères vécurent sous la tente, dans les régions abandonnées, et ne s'occupèrent qu'à mener paître leurs troupeaux aux environs des grandes villes, depuis Alexandrie jusqu'à l'Océan, et depuis Tanger jusqu'à Sous. Tel fut l'état dans lequel l'islamisme les trouva. »

S'il y avait dans tout cela l'ombre de critique historique, il serait curieux de voir des Francs installés en Berbérie, de l'aveu d'un traditionnaliste arabe dès le IX⁰ siècle avant Jésus-Christ. Mais quelles inductions asseoir sur de semblables divagations?

Voici qui est plus original encore et qui tourne aux *Mille et une Nuits* : — « Satan, dit un Es-Souli cité par Ibn-Khaldoun (1) (je ne sais si c'est le même que celui nommé plus haut), « sema la discorde entre les enfants » de Cham et ceux de Sem; aussi les premiers durent-ils » se retirer dans le Maghreb où ils laissèrent une nom- » breuse postérité. — Cham, ajoute-t-il, étant devenu » noir par suite de la malédiction prononcée contre lui » par son père, s'enfuit en Maghreb pour y cacher sa » honte. » — « Après la dispersion de ses enfants, poursuit notre auteur (2), il continua sa route vers l'Ouest et

(1) *Hist. des Berbères*, t. I, p. 177 et 178. — (2) Id., t. I, p. 182.

atteignit le Sous-el-Acsa. Ses enfants allèrent à sa recherche et chacune de leurs bandes parvint à un endroit
différent. N'ayant plus entendu parler de lui — (probablement il était allé dans le Sud fonder les Nègres), — ils
s'établirent dans ces endroits et y multiplièrent. »

Je crois qu'il est temps de tirer l'échelle. — Quoi qu'il
en soit, pour ce groupe de généalogistes, les Berbères
sont de la race de Misraïm et par conséquent, bibliquc-
ment parlant, parents des Egyptiens. Je me réserve de
donner dans la section suivante mon sentiment propre sur
cette origine, et je passe à la troisième, l'origine mixte
que j'aurais pu appeler, également à bon droit, concilia-
trice, puisqu'elle tend à mettre un peu de tous les peuples
en question dans la famille des Berbères. Ses deux principaux champions sont Et-Taberi (1) et surtout Ibn-Mo-
rahhel (2). Au compte de ce dernier, l'armée du Djalout
Ouennour ne comprenait pas seulement des Philistins,
c'était un ramas d'Himyérites, Modérites, Coptes, Amalécites, Cananéens et Coreichides qui, après la défaite de
leurs chefs, s'étaient répandus en Syrie. Ifricos (3) se fit
de cette tourbe une armée qu'il entraîna à la conquête du
Maghreb auquel il donna son nom et où il établit ses compagnons.

Encore un mot et j'en aurai fini avec cette dernière
hypothèse. « Selon plusieurs généalogistes berbères dont

---

(1) *Hist. des Berbères*, t. I, p. 175. — (2) Id., t. I, p. 176.

(3) Une variante, rapportée par Ibn-Khaldoun (p. 168), fait d'Ifrikos,
fils de Caïs-Ibn-Saïfi, un des Tobba de l'Yémen, lequel s'étant rendu maître de la partie du Maghreb à laquelle il donna le nom d'Ifrikia; en aurait
appelé les habitants *Berbères*, parce qu'il trouvait leur langage rude et
criard.

nous nous bornerons, dit Ibn-Khaldoun (1), à citer Ed-Darici, Ibn-Soleiman, El-Mamati, Ibn-Abiloua et Ibn-Abiyerd, les Berbères forment deux grandes branches, les Béranes et les Botr. Ceux-ci, disent-ils, tirent leur origine de Berr, fils de Caïs, fils de Ghaïlan (Sémites par conséquent); mais les Béranes descendent de Berr, fils de Sefgou,... fils de Mazigh, fils de Canaan (2). »

En voilà, je pense, assez, sur ce recueil de contes dont Ibn-Khaldoun fait lui-même fort bon marché; car après leur avoir consacré six ou huit pages, il termine en disant : « Sachez que toutes ces hypothèses sont erronées et bien éloignées de la vérité... Le fait réel est ceci : Les Berbères sont des enfants de Canaan, fils de Cham, fils de Noé... Leur aïeul se nommait Mazigh; leurs frères étaient les *Gergéséens* (Agrikech); les Philistins étaient leurs parents. » Mais ces derniers seulement avaient des rois nommés *Djalout* et non pas les Berbères. — « On ne doit admettre aucune autre opinion que la nôtre (3). »

Ibn-Kaldoun repousse donc hautainement les Iduméens, Yéménites, Amalécites, Philistins et le compost d'Ifrikos; mais il ne s'écartera pas pour cela de la postérité de Noé

(1) *Hist. des Berbères*, t. I, p. 176.

(2) V. à ce sujet M. de Slane, *Hist. des Berbères*, t. IV, p. 573.

(3) Ibn-Khaldoun reproduit la même affirmation dans sa généalogie des Zenata (t. III, p. 180 et suivantes). « Ibn-Hazm, dit-il, a écrit que les » Zenata (Berbères) descendent de Chana, fils de Djana... Chana est le même » que Djana, fils de Yahia, fils de Herek, fils d'Hercac, fils de Guerad, » fils de Mazigh, fils d'Herak, fils d'Hérik, fils de Kenan, fils de Ham. »

» D'après cette liste, Madghis ne descend pas de Berr. Nous avons déjà indiqué la diversité des opinions à ce sujet, mais nous regardons celle-ci comme la vraie, car l'autorité d'Ibn-Hazm mérite toute confiance et ne saurait être controversée par celle d'aucun autre écrivain. D'ailleurs il rapporte la généalogie en question d'après le fils d'Abou-Yézid, chef des Zenata. »

et fera des Berbères une lignée cananéenne. Procope avait accueilli la même légende dont j'indiquerai la source. « Les peuples de la Palestine, dit le célèbre Césaréen (1), se sentant trop faibles pour résister aux armes victorieuses de Jésus (Josué), fils de Nave, dont les exploits sem- blaient dépasser la force humaine, se retirèrent en Egypte; mais comme ils n'y trouvaient pas de terres vacantes, ils furent obligés de gagner l'Afrique où ils étendirent leurs demeures jusqu'aux Colonnes d'Hercule. On y parle en- core la langue des Phéniciens. Ils bâtirent un fort dans la Numidie au même lieu où est maintenant la ville de Tigisis (2). »

Si Procope et les traditionnalistes partisans de l'émigra- tion des Cananéens ou de celle des Philistins ont seule- ment voulu dire que lors de l'occupation de la Palestine par les Israélites, quelques habitants du pays, échappés aux religieuses atrocités des envahisseurs, sont allés de- mander un asile aux divers comptoirs phéniciens établis le long de la côte africaine, ils sont probablement dans le vrai; car les systèmes peuvent être faux, les traditions le sont rarement tout-à-fait; mais si l'historien byzantin entend, comme Ibn-Khaldoun, faire de cette émigration individuelle une invasion colonisatrice ayant contribué pour une part importante au peuplement de la Berbérie, évidemment il se trompe. Procope florissait dans la se- conde moitié du VIe siècle, et il était de Césarée en Pa- lestine; longtemps avant l'époque où il écrivait, les Juifs avaient pris une grande expansion en Egypte et dans le reste de l'empire; ils ne dédaignaient pas, sans doute, de

---

(1) Procope, *Hist.*, II, 10.
(2) Tidgis d'après M. L. Marcus.

donner du corps à leur histoire en exagérant le contre-coup de leurs conquêtes au dehors ; les chrétiens leur prêtaient main-forte, et l'islam qui tient à la Bible par tant de liens, a volontiers adopté leurs légendes. Celle-ci est purement de source juive ; D. Calmet nous le dit expressément. « Les Gergéséens, y lisons-nous (1), habi-
» taient au couchant de la mer de Tibériade, et il y en
» avait encore du temps de Notre-Seigneur dans ce pays,
» dans les villes de Gesara et de Gadara. Les Juifs assu-
» rent qu'à l'arrivée de Josué ces peuples se retirèrent en
» Afrique. » Soit ! je le répète, quelques Cananéens se seront réfugiés dans les colonies phéniciennes. Mais si Procope et Ibn-Khaldoun avaient pris la peine d'y réflé-chir, auraient-ils pu croire un instant que quelques rive-rains fugitifs du lac de Tibériade avaient absorbé dans leur invasion les Libyens et les Gétules si nombreux et si guerriers, ce que n'ont pu faire ni les Romains, ni les Vandales, ni les Arabes ? Eh quoi ! il a fallu le pays de Canaan tout entier pour loger la peuplade israélite sortie des pâturages de Gessen ; et l'une des cent tribus qui l'oc-cupaient avant eux aurait suffi pour peupler la moitié de l'Afrique, du Nil à l'Atlantique !

Voilà pourtant sur quel fondement repose l'opinion si généralement admise que les Berbères sont de race cana-néenne. Opinion qui a égaré, on le voit, d'excellents es-prits, et parmi les écrivains grecs ou latins, et parmi les musulmans, opinion dont un homme de la taille de M. Henri Martin se faisait encore naguère l'écho (2), et

---

(1) *Comment. sur la Genèse*, ch. x, 14, et *Comment. sur Josué*, ch. v, I.

(2) Dans un mémoire lu au congrès international de Vannes, en 1867,

que notre honorable collègue, M. de Costeplane, répétait
à son tour dans un récent article (1).

La grande cause d'erreur des traditionnalistes arabes ou
berbères, comme d'un grand nombre d'écrivains chrétiens (nous en aurons une nouvelle preuve dans un instant), c'est de s'opiniâtrer à trouver le nom des peuples
ou tribus dont ils fouillent les origines dans ceux énumérés par la Genèse. Cet acharnement va si loin que, lorsqu'il devient impossible d'y reconnaître, même en les
torturant, les noms dont on a besoin, on les y introduit.
C'est ainsi que nous voyons surgir un Mazigh nécessaire
comme aïeul des Amazigh actuels.

M. Vivien de Saint-Martin, dont le livre sur *le Nord de
l'Afrique* a été couronné, en 1860, par l'Académie des
Inscriptions et Belles-lettres, n'a pas échappé à cet entraî-
nement, surtout dans les chapitres qu'il consacre aux Libyens.

« Grâce à l'abondance de nos sources historiques, dit-
il (2), et aux progrès de la philologie comparée, nous savons que le nom qui prit, chez les Grecs, la forme
Libyês comme ethnique et *Libyê* comme appellation du

---

publié dans la *Revue archéologique*, M. H. Martin admet en Berbérie une
invasion celtique tamhou, mais se fondant avec une première assise cha-
métique.

(1) *L'Orient*, numéro du 26 janvier 1866. — M. de Costeplane s'étaye
de l'avis de M. le dr Barth qui, à son retour de Tombouctou, a rencontré,
dans l'Afrique centrale, « des indigènes portant le nom de Saül, Daniel, etc.»
— Est-ce là vraiment une raison? Si elle avait quelque valeur, elle annon-
cerait chez les arrières-neveux des exilés de la Palestine un cœur bien
exempt de rancune, puisqu'ils porteraient de préférence le nom de leurs
meurtriers.

(2) *Le Nord de l'Afrique*; introd.

territoire, est celui d'une grande tribu appartenant à la race aborigène du nord de l'Afrique; tribu dont on peut suivre, sans interruption, l'existence historique sur les confins occidentaux de l'Egypte inférieure, depuis le siècle de Moïse jusqu'aux temps modernes. Ce sont les *Lehabim (LeHaB)* de la table ethnographique de la Genèse (x, 13). » — Ainsi appuyé sur un document sacré, M. de Saint-Martin n'hésite pas à reconnaître dans les Libyens les Lehabim de la Genèse ; les Loubim de la chronique de Juda, les Lebathai, Lebethai, Lebauthai, Leyathai « et même Leucathai de Procope; » puis les Languentan et Ilaguaten de Corippus, qui aboutissent enfin aux Iloswaten (Sing. Lowata) des auteurs arabes et d'Ibn-Khaldoun (M. de Slane, t. I, p. 232) (1).

« On se demande, pourtant, » ajoute M. de Saint-Martin, « d'où vient la différence entre l'articulation finale de *Loub* et de *Lowata.* » Mais la Genèse fournit elle-même la réplique; car elle nomme les *Loudim* à côté des *Lehabim.* « Or si *Lehabim* répond à *Libyes*, *Loudim* répond à *Lowata.* » — Oh ! glossologie, voilà de tes coups !

« Dans Léon l'Africain, poursuit l'auteur couronné,

---

(1) Si M. de Saint-Martin invoque ici l'autorité d'Ibn-Khaldoun pour soutenir son assertion historique, il me semble qu'il se trompe. Ibn-Khaldoun (*loco citato*) dit : « Les Louata, une des plus grandes » d'entre les tribus berbères qui forment la postérité d'El-Abter, ti- » rent leur nom et leur origine de Loua le jeune, frère de Nefzao, etc. » Or Madghis-el-Abter, aïeul des Botr, était fils, selon l'opinion la plus commune, de Berr, fils de Caïs, fils de Ghaïlan; selon Ibn-Hazm, il descendait de Canaan par Bedian, etc. Dans le premier cas, les Louata seraient Sémites; dans le second, Cananéens; mais ni dans l'un ni dans l'autre, ils n'appartiendraient à la postérité de Lehabim, fils de Misraïm. D'ailleurs, si Louata n'est que la forme pluriel de Loua, qu'avions-nous besoin du ᴅ de Loudim; le voilà de trop.

en terminant ce paragraphe, les Lowata ou Lewata sont une des cinq grandes branches de la race berbère, et le pays qu'ils occupent s'étend principalement depuis les Syrtes jusqu'à la frontière d'Egypte (1). » Hâtons-nous d'ajouter que M. de Saint-Martin reconnaît à côté des Libyens (les Lehabim ou Loudim bibliques, à choix) une autre branche berbère, celle de Gétules (2), et une série de tribus inconnues des anciens; celles dont l'ensemble forme les Moleththemim d'Ibn-Khaldoun (3). C'est une ressource et un en cas.

D. Calmet, longtemps avant M. Vivien de Saint-Martin, cherchant à caser de son mieux les familles de peuples énumérés par la Bible, écrivait aussi : « Pour les Laabim, la plupart entendent par ces peuples les Libyens (4). » — Mais ce qui distingue essentiellement M. Vivien de Saint-Martin de l'auteur des *Commentaires sur la Genèse*, c'est que le premier est fort affirmatif : « De toutes les questions géographiques, lisons-nous dans son introduction, (il est vrai qu'il ne dit pas ethnographiques), qui se rattachent à l'étude de l'Afrique ancienne, il n'en est plus maintenant une seule, *je dis une seule*, qui ne se puisse résoudre par une démonstration. » — C'est sans doute ce ton d'assurance qui aura entraîné les suffrages de l'Académie. — D. Calmet est plus modeste, et après avoir donné son avis, à la suite de celui de ses devanciers, il ajoute : « On ne va qu'à tatons, dans une si profonde » obscurité (5). » Un aveu si convenable désarme la cri-

(1) Que devient la série des peuples énumérés par Hérodote précisément entre ces deux limites ?

(2) *Le Nord de l'Afrique*, p. 130. — (3) Id., p. 460.

(4) *Commen. litt. s. la Gen.*, ch. x, p. 266, éd. in-4º. — (5) Id., id.

tique, et l'on ne s'étonne plus d'entendre D. Calmet supposer que les *Anamims* pourraient bien être les habitants
du Delta, ou les *Ammonéens,* comme le croit Bochart;
peut-être même les Nasamons, les Amanientes ou les
Garamantes. Il faut rendre cette justice à l'excellent béné-
dictin qu'il ne rive pas de force ses lecteurs à son opinion; il leur laisse de la marge. Aussi ne le querelle-t-on
point lorsque, revenant aux Laabim, il ajoute (1) qu'ils
habitèrent le long des côtes de la Méditerranée et qu'une
partie d'entre eux « prit le nom de Maures, selon Salluste,
» au lieu de celui de Mèdes que prenaient quelques peu-
» ples de l'armée d'Hercule qui se joignirent aux Li-
» byens. » On lui pardonne volontiers l'inexactitude de
ces citations, parce qu'on voit qu'il cherche de bonne foi
à se contrôler lui-même en reproduisant les opinions différentes de la sienne. Il prend soin, par exemple, de rappeler (2) que, « pour Strabon, les Maures sont des *Indiens*
qui vinrent en Afrique avec Hercule (Strab. liv. XVII);
que, selon Bochart, « les Laabim habitaient au couchant de
la Thébaïde et que c'est eux qu'on a voulu désigner par
le nom de *Liby-Egypti* (3). » — « En effet, dit Bochart,
» *Lehabim* signifie *enflammé, brûlé; Lehahab, la flam-*
» *me* (4). »

Une fois ce parti pris de peupler le nord de l'Afrique
des fils de Misraïm, il allait de soi d'y chercher aussi une
place pour les *Nephtuim,* les *Phétrusim* et les *Chasluim.*
On n'y a pas manqué. — Bochart plaçait les Nephtuim
dans la Marmarique ou dans la Troglodytique, et la raison
qu'il en donne lui paraît importante; « c'est qu'on trouve

---

(1) *Comm. litt.,* ch. x, p. 266. — (2) Id., ch. x, p. 266. — (3) Id.,
ch. x, p. 267. — (4) Id., ch. x, p. 267.

» dans la Marmarique, ou plutôt dans la Cyrénaïque, les
» Adyrmachides et le temple d'Aptuchus, *Aptuchi fanum*. »
Mais cette raison n'est pas la seule : « On pourrait croire,
» poursuit-il, que Neptune vient de *Nephtuim*. Hérodote
» assure que c'est un dieu de la façon des Africains, et
» que c'est d'eux que les Grecs l'ont reçu. » D'autres
commentateurs installent les Phétrusim dans le Delta et
les Chasluim dans la Cyrénaïque.

Hypothèse pour hypothèse, j'aime autant celle des historiens arabes qui tirent les Berbères directement des Philistins. Au moins ils respectent les termes mêmes de la
Genèse, laquelle déclare expressément que les Phétrusim
et les Chasluim sont les auteurs des Philistins et des
Caphtorim.

Je l'ai dit tout-à-l'heure et je le répète, c'est la manie
de vouloir retrouver à tout prix l'ethnique des peuples
actuels dans les généalogies de la Genèse, qui enfante toutes
ces aberrations. Eh! pourtant, quelle valeur ont au fond
ces généalogies moïsiaques? à quelles sources ont-elles
été puisées, avec quelle critique et dans quelle intention?
quelle relation logique y a-t-il entre ce nom biblique de
Lehabim et celui de Libyens? Est-ce que les Hébreux se
sont appelés Sémites ou Abrahamites? — Les Libyens se
connaissaient-ils d'ailleurs eux-mêmes sous cette dénomination? Ils s'appelaient Adyrmachides, Ghiligannes, As-
bystes, Auschises, Cabales, Nasamons, Psylles, Maces,
Machlyes, Auses, Maxyes, Zaoueskes, Zigantes, etc., et
n'allaient pas emprunter aux Juifs une appellation dénuée
de sens.

Je n'attache donc, pour ma part, aucune confiance à
ces rapprochements. M. Renan, de son côté, incline à
penser que les Berbères, comme les Coptes, appartien-

draient à la famille des Couschites; de raison, il n'en donne pas. D'ailleurs, je puis opposer à l'autorité de l'éminent professeur celle d'un linguiste également distingué, M. Klaproth, qui déclare avoir comparé soigneusement le copte au berbère et n'avoir découvert entre eux aucune analogie (1). Quoi qu'il en soit, il est constant que M. de Saint-Martin, aussi bien que D. Calmet, abondent dans le sens des généalogistes musulmans. Or, à l'égard de ces derniers, j'ai suffisamment, je crois, démontré, en les citant, l'étrangeté de leurs légendes.

Les anciens, antérieurement au christianisme et à l'expansion judaïque, ne partageaient nullement ces opinions. Strabon, je l'ai dit tout-à-l'heure, ne paraît pas éloigné de penser que les Maures sont des Indiens venus en Afrique avec Hercule (2). J'aurai à revenir, quelques pages plus loin, sur ce qu'en rapportent Hérodote et Diodore de Sicile.

Salluste leur prête d'autres aïeux, et il est temps de nous occuper de la tradition conservée par l'historiographe de Jugurtha. Ce qu'il nous apprend des Berbères est probablement tout ce qu'on en savait alors. Voici comme il s'exprime (3) :

« Les premiers habitants de l'Afrique ont été les Gétules et les Libyens, peuples grossiers et stupides, etc.... Lorsque Hercule fut mort en Espagne, selon ce que pensent les Africains, son armée, qui était un mélange de différentes nations, désunie par la perte de son chef et par les prétentions de mille rivaux qui se disputaient le

(1) *Mémoires relatifs à l'Asie*, p. 208.
(2) Strabon, liv. XVII.
(3) *Jugurtha*, ch. XXI, trad. de Dureau de Lamalle.

commandement, ne tarda pas à se dissiper. Dans le nombre, les Mèdes, les Perses et les Arméniens ayant passé
en Afrique sur des vaisseaux, occupèrent la côte voisine
de notre mer. Les Perses seulement s'enfoncèrent un peu
plus vers l'Océan... Insensiblement, par de fréquents ma-
riages, ils se confondirent avec les Gétules... se donnèrent
eux-mêmes le nom de *Numides*... Les Arméniens et les
Mèdes se joignirent aux Libyens... Peu à peu ceux-ci,
dans leur idiôme barbare, dénaturèrent le nom de Mèdes
qu'ils appelèrent Maures, par corruption. Mais ce furent
les Perses qui, en peu de temps, prirent un accroissement
extraordinaire... Enfin, la partie inférieure de l'Afrique
fut presque toute possédée par les Numides. »

N'oublions pas un fait important consigné dans ce même
passage : « c'est, dit Salluste, que les Libyens n'étant séparés de l'Espagne que par le détroit, ils avaient établi
avec elle un commerce d'échange. »

Qu'est-ce que cet Hercule qui meurt en Espagne et
non sur le mont Œta? jusqu'où faut-il reporter son existence en arrière dans la nuit des âges? Faut-il, avec l'auteur de l'*Histoire des Gaules*, voir en lui un symbolisme du
commerce phénicien ? quel était le but de son expédition,
quelles traces en sont demeurées? Ces questions sont assurément très-intéressantes, mais pour les traiter avec le
soin qu'elles méritent, il faudrait donner à ce travail des
proportions démesurées. Pour abréger j'admettrai, quant
à présent, comme moyen terme, qu'un Hercule quelconque, à la tête d'une troupe d'Iraniens ou d'Aryens,
mixte peut-être, a contourné la Méditerranée, et qu'une
partie de ces émigrants est demeurée en Berbérie. Mais ce
fait ne nous explique pas les affinités de race des Libyens
et des Gétules déjà établis antérieurement dans le pays,

d'après la tradition même que Salluste rapporte et qu'il déclare avoir puisée dans des livres puniques ayant appartenu au roi Hiempsal; « tradition d'ailleurs conforme, ajoute-t-il, à l'opinion des naturels du pays. » Il ressortira bien de cette histoire, si on l'accepte comme vraie, que des Asiatiques-Caucasiens ont parcouru le sud de l'Europe et le nord de l'Afrique, qu'ils ont mis en rapport les peuples déjà installés dans ces contrées. Mais d'où provenaient ces peuples au milieu desquels se réfugiaient ces compagnons d'Hercule? — La question reste entière.

II.—POSITION GÉOGRAPHIQUE. —NATIONS ENVIRONNANTES.

1. — Ethiopiens, Egyptiens, Sémites et Chamites (1).

J'ai dit que dans des recherches entreprises pour reconnaître l'origine et la parenté d'un peuple, sa position géographique d'une part, de l'autre le naturel, l'état politique et social des nations environnantes étaient des éléments essentiels à consulter, et où l'on pouvait trouver les bases de conjectures sérieuses. Je vais essayer de cette méthode à l'égard de la Berbérie. Sa position n'a rien d'ambigu. Elle tient par le sud à l'Afrique centrale où elle a pour voisins des races noires; les Berbères ne sont donc pas venus de ce côté. A l'est elle touche immédiatement à l'Egypte. Il serait dès-lors naturel de penser que c'est

(1) Je prie les lecteurs de ce travail de ne pas oublier ce que j'ai déjà dit plus haut, ce que je tiens à rappeler une fois encore pour n'avoir plus à y revenir, que je n'emploie ces appelatifs que pour demeurer en rapport avec les écrivains que je cite et les usages reçus, mais sans y attacher une valeur historique égale à celle qu'on leur prête généralement.

de la terre des Pharaons que sont sortis les premiers habitants de la Berbérie. Mais ici se présente immédiatement
une question d'où peut dépendre la solution de celle que
je viens de poser. De quelle couleur étaient les Egyptiens?
Etaient-ils de race noire ou blanche. Si on les considère
comme un rameau de la tige éthiopienne, une colonie
ayant suivi le cours du Nil et descendant avec lui du sud
au nord, vers la mer, ils devaient être noirs (1). Cependant, l'on ne voit pas que les colons qui vinrent s'établir
en Grèce avec Danaus fussent noirs. Ne serait-il pas possible que le peuplement de l'Egypte se soit opéré presque
en même temps par deux courants allant en sens contraire; l'un venant du sud, composé d'Ethiopiens et par
conséquent noir, l'autre, formé d'Iaones au teint blanc, venant d'Asie et remontant le cours du Nil? Du mélange des
uns et des autres serait née peu à peu une population d'un
brun jaunâtre, comme celle de l'Inde qui est issue d'un
mélange analogue. Cette nuance, qui serait à peu près
celle représentée dans les peintures égyptiennes, suffirait,
ce me semble, à écarter le système d'une parenté complète entre les Egyptiens et les Berbères qui étaient positivement blancs. — Pour ne laisser sans réponse aucune
hypothèse de quelqu'importance, admettons néanmoins
que les Egyptiens fussent également de race blanche. Je
ne vois rien qui oblige à les regarder comme les coloni-
sateurs de la Berbérie. D'abord aucune tradition, aucune
légende ne nous les signale comme tels. M'objectera-t-on
que Diodore, au contraire, place la Libye parmi les conquêtes des Pharaons? c'est vrai; dans la légende d'Osiris

(1) C'est l'avis de notre savant et sagace président, M. le général Faidherbe qui le soutient par de solides raisons.

en effet on lit (1) « que ce Dieu, après avoir établi Hermès conseiller et premier ministre d'Isis, Busiris gouverneur de la frontière phénicienne, Antée gouverneur de l'Ethiopie et de la Libye, après avoir enfin donné le commandement de ses troupes à son parent Hercules, se mit en marche *pour parcourir la terre;* » et la Libye figure au nombre de ses conquêtes. Son nom reparaît également dans celles de Sesoosis (Sesostris). « Envoyé d'abord par son père, dit Diodore (2), en Arabie, Sesoosis... soumit tout ce peuple barbare. Ensuite, détaché dans les régions de l'occident, il conquit, quoique bien jeune, la plus grande partie de la Libye. A la mort de son père,... il entreprit la conquête *de toute la terre.* » Mais d'abord conquérir n'est pas peupler; loin de là; l'idée de conquête implique celle de lutte contre les possesseurs du pays. Ensuite, par Libye, les anciens et particulièrement Diodore semblent désigner ou l'Afrique entière, ou spécialement le pays des Nubiens et celui des Libo-Egyptiens. Ainsi, dans le mythe d'Osiris, nous le voyons bien charger deux gouverneurs de garder le sud et l'est de l'empire; nous n'en voyons pas à l'ouest. De ce côté, la nature avait placé un rempart suffisant, le désert. — Un autre passage de Diodore justifie implicitement cette induction. Lorsqu'il raconte les lointaines victoires de Sémiramis, l'illustre Argyrien dit (3) : « Elle passa en Egypte, soumit presque toute la Libye et se rendit au temple d'Ammon... De là elle marcha vers l'Ethiopie... » Voilà l'aréal de la Libye aux temps d'Osiris et de Sémiramis : un grand demi-cercle compris entre l'Egypte au nord et l'Ethiopie au sud, tournant à l'ouest et venant aboutir un peu au-delà

(1) Diod., liv. I, § 7. — (2) Liv. I, § 53. — (3) Liv. II, § 14.

du temple d'Ammon. Encore est-il, je le répète, que dans ces diverses traditions plus ou moins fabuleuses, on voit la Libye conquise, mais non peuplée, par les souverains de l'Egypte ou de l'Assyrie. Or, ce que je recherche ici, ce n'est pas la série des vicissitudes que peuvent avoir subies les Berbères; c'est leur origine, et, en ce moment, la probabilité ou l'improbabilité de leur parenté avec les Egyptiens.

L'expansion de ceux-ci s'est effectuée, je viens de le dire, du sud au nord, au moins en majeure partie. Lorsque l'histoire nous les montre installés sur le Nil inférieur, leur situation politique et leur naturel semblent répugner à toute idée d'expatriation. Ils n'ont pas, comme les Hellènes, cette organisation des chefs de dèmes si favorable aux émigrations colonisatrices. Armais-Danaüs fait exception, il est vrai; mais ce prince, fuyait la colère de son frère, Rhamsès-Séthos dont il avait indignement trahi la confiance et il emmenait avec lui ses complices. C'est là un fait isolé qui n'implique rien touchant l'instinct et les habitudes des Egyptiens. Ici encore (je me fais un devoir de le rappeler au lecteur), Diodore paraît venir à l'encontre de mon opinion. « Selon l'histoire des prêtres, dit-il (1), les Egyptiens ont disséminé un grand nombre de colonies sur tout le continent. Belus, que l'on dit fils de Neptune et de Libya, conduisit des colons à Babylone... Les Colchidiens et les Juifs descendent aussi de colons égyptiens. C'est ce qui explique l'usage qui existe depuis longtemps chez ces peuples de circoncire les enfants : cet usage est importé de l'Egypte. » Ailleurs Diodore reproduit ce même rapprochement. En traçant le victorieux itinéraire

(1) Diod., liv. I, § 28.

de Sésoosis : « On raconte, dit-il (1), qu'un certain nombre d'Egyptiens, laissés aux environs des Palus Méotides, donnèrent naissance au peuple des Colchidiens. On cite comme preuve une coutume égyptienne, la circoncision qui s'y pratique comme en Egypte; *cette coutume subsiste chez tous les colons égyptiens comme chez les Juifs.* » Voilà donc un signe auquel on reconnaitra les colons de vraie race égyptienne; ils seront circoncis. Des peuples étrangers à l'Egypte pourront se soumettre à la circoncision; mais aucun de ceux issus de l'Egypte ne s'en affranchira. Or, je ne me souviens pas avoir vu nulle part que les Libyens-Berbères eussent adopté cette coutume avant l'islamisme.

Dans les apparentes contradictions que je rencontre chez Diodore, rien en réalité ne détruit la thèse que je soutiens. En dehors de la légende et de la tradition des souverains parcourant et conquérant *toute la terre* (c'est l'expression consacrée), il demeure démontré pour moi que les Egyptiens n'étaient nullement un peuple colonisateur. Le développement du Delta offrait un vaste espace à cette race paisible aussi bien qu'à des étrangers qui seraient venus s'y confondre avec elle. L'inépuisable fécondité du sol assurait à tous une existence aisée. L'accroissement de la population, habilement modéré d'ailleurs par les chefs religieux ou civils, n'avait rien d'exagéré. Au besoin, des guerres étrangères offraient, on vient de le voir, un emploi du trop plein. Les enfants de Jacob pouvaient, sans gêner les Egyptiens, s'établir et multiplier parmi eux. Rien, en un mot, à moins de rébellions forçant des coupables à chercher un refuge au-delà des frontières,

(1) Diod., liv. I, § 55.

comme ce corps d'armée qui se retira en Ethiopie, ne les sollicitait à s'éloigner d'une patrie aussi privilégiée. De fait, à de rares exceptions près, nous ne les voyons émigrer qu'accidentellement, sous la pression d'une invasion ennemie. Encore est-il essentiel de se rappeler que, lors de la domination des Pasteurs, la plupart des familles riches s'enfuirent, non pas à l'ouest, mais vers la Nubie, au sud, où s'étaient retranchés les rois de la XVII° dynastie synchronique des rois étrangers. — Quelques autres s'exilèrent en Grèce ; mais il n'y eut probablement que les personnes de basse condition et isolées qui se hasardèrent à longer la mer jusque chez les Maxyes.

Cette émigration fut nombreuse, il est vrai, quoiqu'individuelle ; je l'ai rappelé moi-même dans la première partie de ce travail, et j'ai ajouté que beaucoup d'indigènes, dans notre province particulièrement, portent encore très-reconnaissable le type égyptien dans leurs traits, ce qui permet d'apprécier quelle a été l'importance de l'immixtion. J'ai dit aussi que, selon moi, les Libyens avaient beaucoup appris des Egyptiens, quoiqu'il fallût peut-être renverser la proposition, au moins en ce qui touche les croyances religieuses, si l'on ajoutait foi aux traditions recueillies par Diodore de Sicile (1). Il est dans la nature des choses que Libyens, Ethiopiens, Egyptiens se soient fait mutuellement de nombreux emprunts ; je crois même que les premiers et les plus civilisés d'entre eux ont dû exercer sur les autres une influence allant jusqu'à l'assimilation. Mais de cette assimilation partielle à une communauté d'origine il y a loin, et je ne crois pas que rien justifie cette communauté

(1) Diod., liv. III, § 55 et suivants.

entre les habitants de la Libye et les riverains du Nil ; il faut chercher ailleurs les premiers colons de la Berbérie.

L'Afrique tient médiatement à l'Asie par l'isthme de Suez. Peut-être même, anciennement, avant les deux ou trois déluges qui ont bouleversé le fond de la Méditerranée, y était-elle plus largement reliée. L'Asie, en ces temps reculés, était la pépinière du genre humain Les hommes, après avoir pullulé sur les plateaux du Caucase, de l'Altaï et de l'Himalaya, en descendaient comme l'eau des sources et se répandaient sur les contrées encore libres. Rien n'empêche d'admettre que l'Asie, qui a jeté sur l'Europe des torrents d'envahisseurs, ait également fourni à l'Afrique septentrionale une notable partie de ses habitants ; seulement à quelle famille appartenaient ces immigrants ? Etaient-ils, par exemple, Sémites ou Chamites ? Ici la question se précise, ma réponse ne sera pas moins nette, ils n'étaient, selon moi, ni l'un, ni l'autre, et voici pourquoi :

D'abord les Sémites ne sont descendus dans les plaines du Tigre et de l'Euphrate que longtemps après les Aryens ; pour s'y faire une place ils ont dû forcer une partie de ces derniers à se retirer devant eux. Mais ces peuplades déplacées continuaient à les serrer de près. Aussi voyons-nous que les Sémites ne se sont étendus que dans une seule direction, celle du Sud. En second lieu, l'immigration, quelle qu'elle soit, qui a peuplé le nord de l'Afrique n'a pu s'effectuer qu'à l'époque où les Egyptiens se tenaient encore sur le haut Nil ; car s'ils eussent déjà occupé le Delta, il auraient été témoins, victimes même du passage des émigrants, et ce peuple, essentiellement mémoratif, en aurait gardé le souvenir.

Cette observation est importante ; elle m'a paru frapper

nos studieux collègues quand je la leur ai soumise dans la
réunion du 1er février dernier (1). Il est constant, en effet, que les Egyptiens, non contents de graver sur les
monuments les principaux évènements de chaque règne,
conservaient dans les temples des registres où l'on inscri-
vait les recettes et dépenses du culte et d'autres où les
actes de l'autorité royale étaient consignés (2). « Les uns
et les autres, dit M. Champollion, portaient en eux-mêmes tous les caractères intrinsèques et extrinsèques des
plus authentiques documents originaux de l'histoire (3). »
Lorsque Manéthon, « grand-prêtre et scribe sacré, »
reçut de Ptolémée-Philadelphe l'ordre de rédiger en grec
l'histoire de l'Egypte, il puisa et dans les stèles hiérogly-
phiques, et dans ces registres. C'est évidemment avec le
secours des uns et des autres qu'il put établir sa chrono-
logie et dérouler une suite non interrompue d'annales remontant, pour les rois laïques seuls, jusques à Menes ou
Meneï, premier roi de la première dynastie tinite-thébaine,
qui s'empara de toute l'autorité 5867 ans avant l'ère chrétienne (4). — Au moment où David fait la guerre aux Iduméens, un de leurs chefs se réfugie en Egypte; c'est
constaté dans les registres : « ce chef se nomme Adad; il a

(1) C'est à cette séance qu'à été lue cette seconde partie de mon travail
déjà terminé depuis plusieurs mois.

(2) Il existe des fragments de ces registres au musée de Turin.

(3) Champ., *Egypte*, p. 270. — Les dates y avaient cette forme : Dans
telle année, et tel jour de tel mois de la direction du roi des peuples un
tel, etc.

(4) Sans compter les deux cent dix-sept années où la souveraineté fut
probablement partagée entre les collèges hiératiques et les rois, les trois
mille neuf cent quatre-vingt-quatre où le pouvoir demeura entre les mains
des prêtres de Cronos, et les trente mille, plus ou moins bien comptées, où
régnèrent ceux d'Hélios.

été fort bien reçu par Sa Majesté Mandouftep, et même il épouse une sœur de la reine. » Le journal du marquis de Dangeau ne serait pas plus exact. — Comment admettre qu'une invasion assez considérable pour peupler le nord de l'Afrique, ait pu franchir le territoire d'un peuple dont la vie publique, dans son ensemble et dans ses détails, est dépouillée ainsi jour par jour, sans qu'il en ait été tenu note. Or, d'après les listes de Manéthon, les deux premières dynasties sont Tinites-Thébaines; la troisième, qui date de 5318 av. J.-C., est la première Memphite. Il faut donc que l'invasion de l'Afrique septentrionale se soit opérée avant cette date; et aucun peuple sémite n'a été en mesure, antérieurement à cette époque, d'effectuer une émigration de cette nature. Les Égyptiens, soit purs, soit mélangés, étaient même depuis longtemps descendus jusqu'aux rivages de la mer, avant que les enfants de Sem eussent pris ni assez d'assiette, ni assez de développement pour tenter une expédition aussi importante.

D'ailleurs, ce que nous connaissons des Sémites annonce peu une race colonisatrice. Ils ont eu leurs jours de conquête; ils ont parfois étendu leurs limites; mais on ne rencontre pas chez eux, non plus que chez les Égyptiens, cette activité vitale, ce besoin de diffusion qui est propre aux Aryens. Quand les Hébreux viennent en Egypte, ils y demeurent groupés en faisceau, et s'en retournent, comme ils sont venus, en famille. Les Arabes ont eu une grande expansion sous l'impulsion du fanatisme religieux; mais, en fin de compte, ils n'ont fait souche nulle part, ils n'ont rien fondé de durable, et aujourd'hui tout leur empire appartient aux Coptes et aux Turcs. Il n'existe donc aucune probabilité que le peuplement de la Berbérie soit l'œuvre des fils de Sem.

Faut-il chercher les ancêtres des Libyens parmi les Chamites? Non, et par la même raison que je viens d'opposer aux Sémites. Pas plus que ceux-ci ils n'étaient en position d'opérer un semblable versement de population, hors de leur pays, avant l'établissement des Pharaons à Memphis. Qu'on veuille bien se rappeler les traditions qu'Ibn-Khaldoun met à l'appui de l'invasion des Gergéséens ou de celle des Philistins. Ces derniers n'auraient quitté la Palestine qu'après la mort du Goliath tué par David. Leur émigration se placerait donc vers le dixième siècle avant notre ère, sous le règne de Mandouftep, le Pharaon précisément qui a tenu si bonne note de l'arrivée de l'Iduméen Adad, ou sous celui de son prédécesseur; peut-on supposer un instant qu'à cette même époque, c'est-à-dire sous un règne paisible, exempt de guerres et de révolutions, une armée vaincue, mais nombreuse encore, sans chef, obligée de subvenir à ses besoins par la violence, et de piller sur son passage, eût pu se ruer sur le Delta sans qu'il en soit fait mention?

On m'accordera sans doute que le fait est inadmissible pour une époque aussi rapprochée que le règne de David dont les conquêtes s'étendirent jusqu'aux limites de l'Egypte, et à partir duquel les relations furent fréquentes entre les deux États. Mais il n'en est pas de même de l'émigration des Cananéens. Celle-là remonterait au temps de Josué, c'est-à-dire de quatre siècles et demi en arrière. Rapprochons avec un peu d'attention les récits des Israélites des annales de l'Egypte, et nous verrons que le silence de l'histoire ne serait pas plus explicable du temps de Josué que de celui de David. Jacob et ses fils sont venus s'établir dans le pays de Gessen en 1958, la 28e année du troisième des rois pasteurs, Apophis.

Tant que Joseph fut bien en cour, ses frères furent favorablement traités; mais lorsque les Pharaons de sang égyptien eurent pris le dessus, on les mena assez durement. Après plusieurs tentatives infructueuses, ils profitèrent probablement du moment où Rhamsés III, si connu sous le nom de Sésostris ou Sésoosis, était occupé à quelque guerre étrangère, pour regagner la Judée; ce qui eut lieu la 43e année du règne de ce grand prince, c'est-à-dire en 1528. Josué succéda à Moïse vers 1488. Or, dès 1474, Rhamsés IV, connu sous le nom de Séthos, premier Pharaon de la XIXe dynastie, commençait un règne de cinquante-cinq ans de durée, plein de gloire et de puissance. Ce n'est pas sous un pareil roi que des hordes cananéennes auraient pu traverser l'Egypte inaperçues. Il est vrai que, sous le règne du père de Rhamsés IV, et sous les premières années du sien propre, il est question d'une nouvelle invasion de Pasteurs qui auraient ravagé quelques parties de l'Egypte pendant plusieurs années. Mais ces Pasteurs n'avaient rien de commun avec les Cananéens (lesquels, du reste, occupaient encore la Palestine à la mort de Josué, puisque, pour son coup d'essai, Juda, son successeur, en massacra dix mille à Berzec). Les Pasteurs dont je parle furent vaincus par Séthos et se retirèrent en Syrie comme leurs devanciers. Si le souvenir de ces razzias passagères a été conservé dans les monuments historiques de l'Egypte, comment celui du passage des Cananéens ne l'aurait-il pas été? Il y avait d'ailleurs bien des siècles, alors, que la Libye était peuplée, puisque, cinq siècles auparavant, les Maxyes, peuple assis et cultivateur, offraient l'hospitalité aux opprimés de la première invasion des Hycsos. Une dernière réflexion à ce sujet : La domination de ces Hycsos a pris fin en 1822,

suivant M. Champollion, en 1945, suivant M. G. Rodier;
lorsque Hérodote vint en Egypte vers 450, c'est-à-dire au
minimum quatorze siècles après le traité de Memphis, on
ne lui laisse rien ignorer de ce grand évènement ; on lui
en indique, comme conséquence, les migrations partielles
en Libye, les gardes placées sur la frontière pour empêcher ce dépeuplement préjudiciable à la basse Egypte, le
lieu où se réfugient ces exilés volontaires; et d'un évènement plus récent, ni lui, ni Scylax, ni Diodore de Sicile n'auraient entendu parler? Diodore nous raconte en
détail toute l'histoire mythologique de Bacchus, élevé à
une Nysse quelconque qu'il place sur les bords du lac
Triton, où il lève une armée de Libyens, ce n'est donc
pas la mémoire qui lui manque. Suivant lui (1), la Cyrénaïque, les Syrtes et l'intérieur des régions adjacentes
étaient habitées par quatre races de Libyens ; les Nasamons au midi, les Auschises au couchant, les Marmarides
dans la contrée située entre l'Egypte et la Cyrénaïque,
enfin, dans les environs des Syrtes, les Maces qui
étaient les plus nombreux. Voilà les quatre peuples qu'il
désigne ; mais il ne fait figurer parmi eux ni Philistins, ni
Cananéens. Hérodote, de son côté, après avoir énuméré
toutes les peuplades étagées entre l'Egypte et l'extrémité
occidentale de l'Afrique, dit (2), considérant cette fois la
Libye comme comprenant tout le continent africain moins
l'Egypte : « Quatre races et pas davantage, autant que
j'ai pu le savoir, habitent cette contrée. De ces races,
deux sont autochthones et deux ne le sont pas. Les Ethiopiens et les Libyens sont autochthones et demeurent

(1) Diod. liv.. III, 48.
(2) Melpomène, 197.

ceux-ci au nord, les autres au sud-est ; les Phéniciens et les Grecs sont de nouveaux venus. » — Or, la marine phénicienne explorait et exploitait l'Afrique depuis plus de quinze cents ans à l'époque où écrivait l'illustre Halicarnassien, et il les appelle des nouveaux venus ! qu'aurait-il donc dit des Philistins ou des Gergéséens ? Les aurait-il oubliés, lui qui classe une à une et nominalement toutes les peuplades libyennes, mentionne leurs usages, leurs légendes, ne néglige pas de raconter le voyage des Nasamons, et la croyance où sont les Maxyes qu'ils descendent des Troyens ? — Hérodote n'oublie rien, et s'il ne nous parle ni de Cananéens, ni d'Amalécites, ni de Philistins colonisant la Libye, c'est que cela n'a jamais existé que dans l'imagination des traditionnalistes musulmans ; à moins toutefois qu'on ne veuille les confondre avec les Phéniciens ; alors il ne faudrait pas voir en eux des aïeux, mais des hôtes de nos Berbères ; dans ces termes, que j'ai déjà expliqués plus haut, je l'admets volontiers ; et pourtant, même contre ce simple fait de groupes fugitifs isolés venant demander asile à leurs frères établis en Afrique, il s'élève une grave objection, c'est que les livres puniques, consultés par Salluste, n'en disent rien.

Je le répète : le peuplement de l'Afrique septentrionale par le Delta n'a pu avoir lieu après l'expansion des Egyptiens jusqu'à la mer. Il ne procède donc ni des Sémites, ni des Chamites.

2. — Iaones, Ioniens, Aouas.

Je ne vois qu'une race qui ait pu traverser le Delta dans les conditions que j'ai posées, une race sans cesse en mouvement, descendue la première des sommets du Caucase : celle des Aryens.

Un éminent écrivain dit quelque part que là où l'histoire fait défaut, si l'hypothèse n'y doit pas suppléer, il faut renoncer à fouiller le passé. — Voici donc l'image que je me fais de ces évènements lointains.

Un groupe important de familles humaines, obligées d'abandonner les plaines inondées, se sont multipliées sur les plateaux sains et vivifiants qui leur avaient servi d'asile. Les eaux retirées, les terres à peine séchées, un premier flot de peuples, Iraniens et Aryens, déserte ces sommets où l'espace leur manque; ceux-là s'établissent aux pieds même des montagnes; ceux-ci plus aventureux se répandent dans les plaines situées entre l'Altaï, l'Indus et la mer. De hardis calculateurs font remonter si loin en arrière ce premier ébranlement des Aryens qu'on hésite à rappeler de pareils chiffres (1); on craint de passer pour accueillir à la légère des fables ou des rêves. Pourtant il est juste de se rappeler qu'une tradition rapportée par Platon supposait effectivement les ancêtres des Athéniens fixés à demeure dans l'Attique plus de neuf mille ans avant l'époque où vivait Solon (2).

Après un nombre de siècles qu'on ne saurait préciser, cette race active et féconde commence à se trouver trop

(1) « Les Grecs ne quittèrent le berceau de la race japétique que lorsque celle-ci avait déjà atteint un haut degré de culture intellectuelle. Dans leur premier mouvement vers l'Europe, qu'il n'est pas possible de placer postérieurement à l'an 24,000 avant l'ère chrétienne, ils formaient l'avant-garde des colonies à peu près civilisées. Cette position leur valut le nom de Iauans, ou occidentaux (G. Rodier, L. C, 81). Si l'on s'en rapporte à des traditions chaldéennes qui paraissent, il faut l'avouer, plusieurs fois remaniées, les Grecs n'étaient encore parvenus qu'aux rives du Tigre et de l'Euphrate, quelques siècles après l'an 13,901, date approximative d'une grande inondation qui dépeupla la plaine entre les deux fleuves (Id., id., 81). »

(2) Platon, éd. Did , II, *Tim.*, p. 200, *Crit.*, 252.

à l'étroit sur les rives des deux fleuves. Un autre flot, d'ailleurs, descend lentement des montagnes et cherche place, à son tour, dans la plaine; le peuple aryen se met de nouveau en mouvement; et tandis que les aînés de la race, les Aryens proprement dits, traversent l'Indus, le groupe le plus jeune et le plus aventureux s'élance vers le couchant. Cette grande émigration, si je conjecture bien, serait de beaucoup antérieure à la dynastie memphite. Ceux qui l'effectuaient sont connus dans la tradition sanskrite sous le nom de Javanas, et plus tard dans la Bible sous celui de Iauans; dans l'histoire, sous celui de Iaones ou d'Ioniens.—Admettons-les arrivés aux confins de l'Asie.

Quelle était la disposition du bassin oriental méditerranéen, alors que plusieurs déluges partiels ne l'avaient pas encore bouleversé? La Grèce et l'archipel formaient-ils un seul continent, et, la mer Noire ne communiquant pas encore avec la Méditerranée; le passage de l'Asie à l'Europe était-il plus aisé (1)? — Questions étrangères à mon sujet. — Il y a, cependant, tout lieu de croire que déjà, à cette époque, une mer intérieure recevait le Nil dans son sein et séparait l'Europe de l'Afrique. Devant cette mer, les Iaones se divisent en deux bandes, l'une passe en Grèce, en Thrace, et, gagnant de proche en proche, se répand jusqu'en Italie; l'autre, prenant à gauche, occupe la Berbérie. — Je reviens sur la tradition recueillie en

(1) « Vers l'an 2350, se place très-plausiblement la date d'une débâcle de la glacière de notre pôle nord. Jusqu'alors la mer Noire avait eu son plan d'eau bien plus élevé qu'aujourd'hui, comme le constatent des explorations toutes spéciales de ses anciens rivages. La débâcle polaire dut causer la secousse qui ouvrit à cette mer un débouché par le détroit des Cyanées (Dardanelles). » (G. Rodier, id., id., 82.)

Egypte par Platon, et dont, dans le *Timée* et le *Critias,*
il attribue le premier souvenir à Solon; tradition importante à ce titre d'abord qu'elle émane d'un peuple plus
digne de confiance qu'aucun autre pour ces temps reculés. J'ai entendu beaucoup de personnes parler de l'Atlantide de Platon, mais il m'a semblé que bien peu d'entre elles avaient lu le texte original; aussi je crois faire
chose utile en analysant ce texte. Voici le cadre : « Il y a
en Egypte, dit Critias, l'un des interlocuteurs du *Timée,*
dans le Delta dont le sommet divise le cours du Nil, un
nome appelé Saïtikos; sa ville principale est Saïs, dont
Amasis a été roi. Les habitants de Saïs attribuent la fondation de leur cité à la déesse nommée par les Egyptiens
Neith et par les Hellènes *Athêna ;* ils se proclament grands
amis des Athéniens et quelque peu leurs parents (1). » —
C'est là que Solon a, avec un prêtre égyptien, un long
entretien rapporté en substance par Critias. Le prêtre
explique au législateur d'Athènes comment les autres peuples, périodiquement bouleversés par des cataclysmes,
ignorent leur passé, tandis que l'Egypte étant soumise
seulement à l'inondation régulière du Nil, ses prêtres ont
pu conserver et ont pris soin de conserver écrit dans les
temples, non-seulement leurs propres annales, mais tout
ce qui, des autres contrées, est parvenu d'intéressant à
leur connaissance. Le prêtre apprend en effet à Solon,
que les Athéniens sont les débris d'un grand peuple qui
a habité l'Attique neuf mille ans avant l'époque où il lui
parle. Pas d'équivoque possible sur cette date : « C'est la
même déesse, lui dit-il, qui a nourri et institué votre cité
et la nôtre; mais elle a fondé la vôtre mille ans avant

(1) Plat., *Tim.*, p. 199.

celle-ci. Or, la fondation de notre ville remonte, d'après nos livres sacrés, à huit mille ans; il y a donc neuf mille ans que vivaient les Athéniens dont je vais vous apprendre l'histoire, ô Solon. » — La même date est répétée deux fois dans le *Critias*. — « Tes ancêtres, ô Solon, poursuit le prêtre, ont fait beaucoup de grandes choses qui sont consignées dans nos livres; mais il en est une plus admirable que toutes les autres. Car vous avez autrefois arrêté les ravages d'une redoutable puissance qui, partie de la mer Atlantique, accourait menaçante sur toute l'Europe et l'Asie. Alors, en effet, cette mer était navigable. Près du détroit que vous appelez les Colonnes d'Hercule et dont l'issue semblait alors l'entrée d'un port, il y avait une île plus grande que la Libye et l'Asie ensemble. En partant de cette île, on atteignait aisément d'autres îles voisines et un continent situé en face. — Or dans cette grande île atlantide des rois avaient établi une merveilleuse souveraineté. Maîtres de la grande île, des autres, et d'une partie du continent voisin, ils s'avancèrent du côté de la Libye jusqu'à l'Egypte et de celui de l'Europe jusqu'à la Tyrrhénie. Le but de cette invasion était de réduire en servitude, outre votre peuple et le nôtre, tous les pays qui nous séparent du détroit. C'est alors, ô Solon, que votre cité manifesta sa force et sa vertu; car elle était supérieure à tous les Hellènes par le courage, la tactique et l'armement; d'abord marchant en tête de ses alliés, ensuite combattant seule quand ceux-ci eurent fait défection, elle vainquit les envahisseurs; et non contente de sauver de la servitude ceux qui n'étaient pas encore asservis, elle délivra généreusement tous les peuples qui demeurent en-deçà des monts herculéens. Mais plus tard survinrent des tremblements de terre et des déluges. En un seul jour et une nuit malheureuse, toute votre race guerrière fut engloutie par la terre, et l'île atlantide s'abima dans la mer. Depuis, nul ne peut traverser la mer où était située cette île, les bas-fonds y mettent obstacle (1). » Je sais qu'on a longtemps considéré l'histoire de l'Atlantide comme une fable inventée par Platon pour servir de thème à ses hypothèses cosmologiques et politiques. Je ne partage pas cette opinion. Une tradition, je le répète, n'est jamais tout-à-fait mensongère. — Maintenant s'agissait-il là de l'Espagne, comme un passage du *Critias* pourrait le faire croire? s'agissait-il d'une île dont les Açores et les Canaries ne seraient plus que des restes? je l'ignore. Mais il est certain que l'histoire elle-même nomme trop souvent les Atlantes pour qu'on puisse les en effacer. J'en reparlerai plus loin.

Platon, d'un autre côté, n'est pas le seul à constater la parenté qui liait les fondateurs de Saïs à ceux d'Athènes. « Les Egyptiens, dit Diodore (2), prétendent que les Athéniens eux-mêmes descendent d'une colonie de Saïs, et ils essaient de démontrer ainsi leur opinion : Les Athéniens, disent-ils, sont les seuls Grecs qui appellent leur ville Asty, nom emprunté à l'Asie d'Egypte... » — Suivent divers autres motifs qui prouvent au moins l'extrême désir des Egyptiens d'établir un lien de parenté entre eux et les Grecs de l'Attique. — Ils se prétendaient également parents des Chaldéens (3) : « Bélus, que l'on croit fils de Neptune et de Libya, conduisit des colons à Babylonne. Etabli sur les rives de l'Euphrate, il institua des prêtres

(1) *Tim.*, p. 200 et suivantes; *Critias, passim.*
(2) *Biblioth. hist.*, I, 28.
(3) Id., id.

qui étaient, comme ceux d'Egypte, exempts d'impôt et de toute charge publique; les Babyloniens les appellent Chaldéens. » Donc, affinité d'une part entre les riverains de l'Euphrate et ceux du Nil, de l'autre entre ces derniers et les Iaones-Hellènes; affinité aussi de ces mêmes peuples avec un fils de Neptune et de Libya; c'est-à-dire avec un chef de famille né sur les bords du lac Triton. Il y a certainement de graves erreurs et de singulières confusions dans ces légendes : mais leur ensemble révèle pourtant un souvenir basé sur un fonds de vérité : celui d'une migration considérable qui, après avoir touché le Tigre, l'Euphrate et même l'Indus, s'est répandue en Grèce, dans la basse Egypte et sur la côte nord de l'Afrique. Ces données, tout incomplètes qu'elles sont, viennent à l'appui de la thèse énoncée dans ma précédente section et développée dans celle-ci, d'un double courant de populations allant à la rencontre l'un de l'autre, le long du Nil; je veux dire des Ethiopiens descendant le fleuve, tandis que des Asiatiques de race blanche, des Iaones, avant de s'enfoncer vers l'ouest, explorèrent le Delta et y laissaient une partie des leurs.

Voilà, selon moi, la première assise propé-historique de colons que la Libye ait due à l'Asie. Mais à l'arrivée de ces Aryens le sol africain était-il inhabité? Je ne le pense pas, je crois au contraire qu'il existait déjà dans la Berbérie plusieurs sédiments de races plus ou moins nomades, et je vais dire pourquoi.

3. — Rôle de l'Europe dans le peuplement de la Berbérie.

L'Europe se termine au couchant par deux grandes péninsules dont l'extrémité méridionale touche presque à l'Afrique; c'est par elle surtout qu'a dû s'effectuer le peuplement de la Berbérie; car c'est là qu'aboutissait fatalement le solde de toutes les hordes qui, après avoir cotoyé le Danube et le Rhin, ou le nord de la Méditerranée, traversaient la Gaule, l'Ausonie ou l'Hespérie. On se demandera sans doute pourquoi des peuples en possession d'aussi fertiles contrées ne s'y arrêtaient pas et les quittaient pour des plages relativement pauvres et arides comme celles de l'Afrique? Selon moi, la réponse est aisée : c'est qu'ils étaient nomades. Lorsqu'un peuple, assis et formant un corps de nation, a fondé des villes sur un sol qu'il cultive, il n'a aucun intérêt à émigrer, à moins que ce ne soit pour se soumettre des esclaves ou pour le développement de son commerce; autrement il utilise tout le terrain qui lui appartient et subvient longtemps lui-même à ses besoins propres. Si, cependant, un moment arrive où sa consommation dépasse sa production, la facilité des communications par voie de terre ou de mer le met incessamment à même de rétablir l'équilibre par des importations. Dans un semblable état social, ce ne sont pas les peuples qui émigrent, ce sont les produits de la terre ou de l'industrie. Pour des peuplades à demi-sauvages, plus adonnées au pacage du bétail qu'à la culture, c'est l'inverse qui arrive; impossible de transporter les produits nécessaires à la vie, il faut les consommer sur place; dans ce dernier cas, les denrées sont à demeure et les peuples sont nomades; dans l'autre, au contraire, les denrées sont nomades et les peuples sont à demeure. Disons de plus que les nations nomades obligées sans cesse de changer de lieu pour alimenter leurs troupeaux suivent toutes à peu près le même parcours, le long des fleuves et des vallées où elles peuvent circuler sans trop d'obstacles, et l'on comprendra que la bande installée aujourd'hui sur un point donné sera contrainte dès demain par une autre à faire quelques pas en avant. Elle arrivera ainsi peu à peu aux dernières limites de son territoire ; acculée enfin à la mer, si elle n'est pas de force à résister, elle traversera les flots pour chercher, fût-ce au sein même du désert, un asile où la difficulté de vivre lui assure l'indépendance.

Aussi je crois pouvoir poser en quelque sorte comme un axiome que tant que l'Europe a été en proie à des peuples plus ou moins nomades, chacun de ses envahisseurs a dû fournir son contingent à la Berbérie. — La mer ne les arrêtait pas ; nous en avons la preuve ; puisque, aussi loin que l'histoire nous prête sa lumière, nous voyons des couches successives de fugitifs se répandre dans les îles d'Albion et d'Erin. Le même fait a dû se produire pour l'Afrique. Ajoutons tout de suite que des deux péninsules c'est l'Espagne, l'antique Hespérie, qui, séparée à peine du continent libyen par un étroit canal, probablement liée à lui dans des temps reculés, a dû être le principal déversoir de l'Europe. La tradition platonicienne du *Timée* a précisément cela de remarquable, et j'ajouterai de vraisemblable, qu'elle nous montre, à l'aurore des jours historiques, une race occidentale et probablement hespérique, envahissant la Libye et l'antique Ausonie.

La question du peuplement de la Berbérie se confond ainsi avec celle du peuplement de l'Europe occidentale ; l'une est identique à l'autre. Poser le problème en ces termes, assurément ce n'est pas le résoudre, mais c'est au moins le circonscrire. Etudions-en les inconnues. Et d'abord qu'est-ce que ces occidentaux, ces Atlantes, contre les attaques desquels s'étaient alliés les Iaones-Grecs et les Egyptiens? faut-il admettre, avant toute invasion aryenne, un peuplement de l'Europe par une race de co nom? cette race serait-elle contemporaine de la turanienne, si durement refoulée depuis au nord par les Indo-Germaniques? serait-elle antérieure? Les Turaniens auraient-ils, au contraire, occupé, avant les Atlantes, l'Europe et l'Hespérie? C'est ici le lieu de redire avec dom Calmet : « Dans de si profondes ténèbres on ne va qu'à tâtons. » Je me bornerai à une seule observation : Diodore, après avoir exposé les mythes des Libyens, analyse ceux des Atlantes qui n'en diffèrent pas essentiellement. D'un autre côté, d'après la tradition consignée dans la section précédente, les Atlantes formaient déjà une nation redoutable lors de l'invasion aryenne-iaone; il suit de là que si les Turaniens ont possédé le sud-ouest de l'Europe ce ne pourrait être qu'antérieurement aux Atlantes (1). Passons à une autre question; les Basques et les Ibères étaient-ils de même famille? La plupart des écrivains les considèrent comme parents. Outre que l'ethnique ligure (li-gora) s'expliquerait par deux vocables tirés de l'Escara, on s'appuie sur ce qu'un certain nombre de noms de lieux en Espagne et en Gaule jusques à la Charente, porteraient le cachet d'une origine basque. Si sérieuse que soit cette raison, elle ne me paraît pas irréfragable; on pourrait, ce me semble, y répondre : Les Vascons ou Basques ont pu posséder l'Espagne, la Gaule méridionale et même l'Italie avant les Ibères; quelques mots de leur langue ont pu se mêler à l'idiome de ces derniers, sans

---

(1) M. Rodier suppose que c'étaient des Proto-Scythes. Par des raisons qu'il serait trop long de déduire, je crois que c'étaient des Caucasiens venus à l'extrême occident de temps immémorial.

qu'on en doive conclure qu'il y ait eu entre eux communauté de race. Dans sa description des peuples de l'Europe occidentale, Diodore, après avoir parlé des Celtes qu'il distingue des Gaulois, après avoir esquissé les mœurs des Celtibériens et des Ibères, nous dit « qu'entre les Ibériens, les plus braves sont les Lusitaniens, » d'où il ressort que ceux-ci étaient Ibères ; tandis que lorsqu'il nous parle des sauvages Ligures et des Vaccéens (les Basques), il s'exprime ainsi : « Parmi les peuples voisins des Ibériens, la tribu la plus civilisée est celle des Vaccéens (1). » — Les Vaccéens n'étaient donc pas Ibères.

Les Sicanes, au contraire, étaient Ibères. S'il y avait eu lien de parenté entre eux et les Basques, pourquoi lors du déplacement auquel les obligèrent les Ligures, ne demandaient-ils pas asile à ces frères abrités dans les Pyrénées, au lieu de contourner toute la Tyrrhénienne pour se réfugier au couchant de la Trinacrie? Ne peut-on pas ajouter enfin que les Basques ne se sont laissé absorber par aucune autre race et qu'ils ont conservé pur leur idiome national? Il y aurait là, selon moi, un trait caractéristique qui séparerait les Basques des Ibères. Mais il n'en demeure pas moins qu'entre deux hypothèses le choix est libre. Seulement, selon qu'on admettra ou rejettera l'identité de ce peuple, il faudra reconnaître l'existence ou d'une ou de deux races antérieures aux Iaones dans le sud-ouest de l'Europe.

« Le radical *Ausc, Osc, Esc* dont *Vasc* paraît n'être qu'une forme aspirée, dit M. Am. Thierry (2), figure très-fréquemment dans les anciens noms de localités et de tribus, soit au nord, soit au midi des Pyrénées. » Je le

(1) Diod., liv. V, 34.
(2) *Hist. des Gaulois,* introd. édit. in-18, p. 77.

retrouve également en Italie dans les *Osques*, les *Vols-ques*, les *Eques* qui composaient la confédération des Auses ou Auronces. Je le rencontre aussi, comme l'induction logique me l'annonçait d'avance, sur la côte africaine située en face de la Campanie, chez les Auses et les Auschises; si l'on veut que ces peuples auses soient identiques aux Basques et aux Ibères, comme l'admet l'auteur de l'*Histoire des Gaulois*, on sera fondé à voir en eux les débris d'un peuple antérieur aux Iaones, qui aurait été cantonné par les invasions postérieures, d'une part dans les Pyrénées, et de l'autre dans l'étroite bande du sol italien qui prit d'eux le nom d'Ausonie. Si on en sépare les Ibères, ceux-ci appartiendront à une invasion intermédiaire entre les Iaones et les Celtes. Je leur assigne ce rang intermédiaire parce qu'il me paraîtrait constant alors qu'après avoir dépossédé les Vascons, ils auraient occupé leur territoire jusques à la Charente. C'est là que les Celtes se seraient heurtés contre eux et les auraient refoulés sur la rive gauche de la Garonne. Ceux des Ibères qui se seraient refusés à l'alliance celtibérienne, re-poussés pied à pied jusqu'au détroit de Gibraltar, l'auraient traversé pour se répandre dans le Maroc actuel. Nous ne tarderons pas à voir les Celtes suivre la même route. — A quelle race appartenaient les Ibères? à cette demande nous répliquerons: S'ils ne sont pas de famille aryenne, comment expliquer leur fusion rapide avec des Celtes pour former les Celtibériens? celle des Bituriges et des Aquitains qui vivaient côte à côte; celle des Gaels et des Ligures qui s'unirent également pour ne former qu'un peuple sur la rive droite du Rhône? — Ces faits impli-quent, ce me semble, un certain lien de parenté, une certaine affinité de langage.

Quant aux Celtes, il ne saurait plus être contesté qu'ils étaient Indo-Caucasiques. A quelle époque sont-ils entrés en Gaule? on l'ignore; mais ce qu'on sait, c'est que plus de deux mille ans avant notre ère, ils s'y sentaient déjà à l'étroit et contraignaient leurs voisins à s'écarter pour leur livrer passage. Pillards et sans attache au sol, tantôt leurs expéditions étaient de simples razzias, tantôt de véritables invasions; quand le pays leur convenait, ils s'en emparaient. A une époque qu'il est impossible de préciser, ils forcent les passages occidentaux de l'Espagne et s'y répandent. Bientôt nous les voyons au midi, détruisant les établissements fixes des Ligues ou Ligures sur les rives du Bœtis, forcer ceux-ci à s'expatrier et à fuir par la passe orientale des Pyrénées, poussant devant eux les Sicanes, riverains de la Sègre, jusques au-delà des Alpes où ils les abandonnent.

Arrivés à l'embouchure du Bœtis, les Celtes touchaient à l'extrème sud de l'Espagne, ils n'avaient plus qu'un bras de mer à traverser pour prendre terre en Afrique. Je ne doute pas, pour ma part, que cette race aventureuse et remuante n'ait effectué ce passage; il est certain d'abord qu'ils ne s'étaient pas établis dans le pays des Ligures, car Avienus, longtemps après, nous peint ce pays désolé et presque désert. Je pense donc qu'une forte troupe de Celtes se rua sur la côte africaine où elle garda ses habitudes et devint la souche des Gétules.

On se demandera sans doute pourquoi, si ma théorie est solide, rien, ni dans les traditions, ni dans les appellatifs berbères, ne rappelle les Ibères, si ce n'est peut-être (comme je le disais dans la première partie de ce travail) les deux syllabes finales des ethniques? Je m'explique ce silence par la position subordonnée que les Ibères auraient occupée de ce côté du détroit. Ils ont largement contribué, c'est ma conviction, au peuplement de la Berbérie; mais ils n'y figurent pas en nom; pourquoi? — parce que la race dominatrice et absorbante des Celtes y est venue après eux. Les Gaels ou Gadhels, qui, vainqueurs des Ibères du nord, ont saccagé et pourchassé les Ligures, auront réduit en servitude et ceux qu'ils emmenèrent avec eux et ceux qu'ils trouvèrent établis en Afrique. Serait-il impossible que les Imr'ad, ilotes des Ihaggaren Touaregs, fussent les descendants des Ibères, tenus, comme le dit M. Duveyrier, de temps immémorial en servage par les Gétules?

Quoi qu'il en soit, conformément à la loi éthnologique que j'ai promulguée plus haut : Que toute race maîtresse des deux grandes péninsules européennes a dû payer son tribu de peuplement à la Berbérie; on y peut déjà conjecturer les immigrations suivantes : 1º une ou deux possibles, celles des Turaniens et des Atlantes; 2º deux ou trois probables et propé-historiques, celles des Auses ou Ibères si on les confond, des uns et des autres si on les sépare, et enfin celle des Celtes; mais, dans ce dernier cas, entre les Auses et les Celtes, s'intercaleraient les Iaones venus directement de l'Asie par le Delta.

4. — Intermède glossologique.

Avant d'abandonner l'ordre d'idées développées dans la section précédente, je soumettrai au lecteur quelques questions sur des noms propres semés soit dans l'histoire ou la tradition des Berbères, soit dans celles des peuples que je leur donne pour aïeux. J'intitule cela intermède, parce que c'est en effet quelque chose dans le goût des

Nugæ du XVIe siècle. Ce sont des questions que je n'ai pas le temps d'approfondir, mais que je pose ; d'autres les résoudront sans doute.

M. F.-G. Eichoff, dans sa *Grammaire générale indo-européenne*, fait dériver l'appellatif *Javanas* du radical sanskrit YU, *accroître*, d'où l'adjectif YUVAN, *jeune*, et le substantif YANAS, *activité*. — Deux autres radicaux sanskrits, AY et VA, en grec AΩ, IΩ, *aller*, *être en marche*, n'expliqueraient-ils pas également bien les autres formes de ce même ethnique ? En tous cas, les Javanas sont probablement les *Iauans* de la Bible, certainement les *Iaones* et *Ioniens* helléniques, et, selon moi, les *Aouas* berbères. — Cet AOUA, précédé de l'article berbère et mis à la forme plurielle, ne devient-il pas *Iaouan* ou *Iaouen*, plus rapproché de la forme hellénique que de l'indienne ? Combien de noms de lieux et de tribus berbères, dans lesquels figure encore aujourd'hui ce mot Aoua !

J'ai dit que la première station des Aryens, à leur descente des montagnes, avait été sur les rives de l'Euphrate et du Tigre. — N'est-il pas au moins curieux que le nom de ce dernier fleuve s'explique par deux mots berbères : TI-GHIR, *père de l'eau courante*, et que celui du Tibre, qui coule dans le pays où s'arrêtera l'émigration iaone, signifie, dans la même langue, *le père des marais :* TI-MRIJ ?

Ne faut-il pas voir une autre preuve de la parenté des idiomes iaone et berbère en ceci que, dans l'un comme dans l'autre, un grand nombre de noms de peuples de race aryenne ou ionienne commencent par ce même article I ? — Exemples : Iolcides, Ilotes, Iaccétans, Iapides, Iapyges, Illyriens, Istriens, Imérites, Isauriens, Italiens, Ibères, etc., etc. ?

Je viens de dire que les Gétules provenaient des Celtes; ce nom même de *Gétules* ne me donne-t-il pas raison ? — « Gael, dit M. Am. Thierry (1), est une contraction de Gadhel (2). *Gadhel*, pour les historiens latins, est devenu *Gadelius*, *Gadhelus*, *Gœdulus*, *Gaythelus*, *Gœthulus*. » — Ce rapprochement n'est-il pas significatif ?

Denys-le-Périégète dit en parlant du Nil (3) : « Il partage la Libye de la terre d'Asie; au liba (sud-ouest) la Libye, à l'est la terre asiatique. » — Ce même rapprochement se reproduit dans un autre endroit du même poème. Or *Lips*, *libos*, a trois sens en grec : 1° vent de sud-ouest; 2° eau versée goutte à goutte, libation, pluie, ce qui concorde avec le sens précédent, puisque le vent de sud-ouest est celui qui amène la pluie; 3° enfin : désir et souhait; sans doute parce qu'en faisant des libations on élevait des vœux vers la divinité. Pourquoi Libuê, venant de *lips*, ne signifierait-il pas simplement la terre du sud-ouest? —*Asis* a également plusieurs sens. Il veut dire Asie sans doute; mais il veut dire aussi fange et limon, nom que mérite à juste titre non-seulement l'Asie d'Egypte, annuellement inondée par le Nil; mais même l'Asie syrienne et mésopotamienne

---

(1) *Hist. des Gaules*, I, 102.

(2) « On peut assimiler, dit M. de Slane (t. IV, p. 574), les Gétules des anciens aux Guezoula d'Ibn-Khaldoun. » J'accepterai volontiers que Guezoula procède de Gétule; mais non que Gétule dérive de Guezoula, pas plus que Libyens de Lowata, ni de Libekes, ni Français de l'Ile-de-France. Rien de plus muable que la composition et le nom des tribus; ce n'est pas là qu'il faut chercher l'origine d'une appellation nationale. »

(3) Vers 230 :

Os ra te kai Libuên apotemnetai Asidos aiês.

Es liba men Libuên, es d'augas Asida gaian.

qui a subi plusieurs déluges successifs. Si ce sont les riverains du Nil qui ont imposé un nom aux deux continents divisés par leur fleuve sacré, cette dernière explication n'est-elle pas de tous points la plus logique ?

Ce qu'il est essentiel de ne pas perdre de vue, c'est que la Libye n'était pas seulement la Berbérie, c'était l'Afrique tout entière. Eratosthène, en parlant des *Nubœ* (Nubiens), dit que c'était une grande nation de la Libye (1). Pourquoi les Lehabim auraient-ils donné leur nom à tout ce continent plutôt que leurs frères, plutôt que Misraïm lui-même qui, dans le système biblique, serait l'aïeul de la race égyptienne?

Pendant que je m'occupe d'éthniques, deux mots sur celui de *Maure*. — D'où vient cet appellatif que les Grecs et les Latins ont appliqué à une partie des Lybiens? Depuis la conquête de la Mauritanie par les Arabes, on a été naturellement porté à donner à cet éthnique une origine arabe. On a cru que Maure venait de Maghreb, *occident*. Dans cette hypothèse, il faudrait d'abord se demander ce que deviendrait le B de Maghreb, lettre solide qui peut se changer en P, F, V et même en M, mais qui disparaît rarement. Quand les Arabes ont voulu désigner sous une appellation générale les habitants du nord-ouest de l'Afrique, ils ne les ont pas nommés Maures, mais Maugrebins (2). On parle d'une forme phénicienne : *Maouri*, ayant le même sens; je ne la connais pas. D. Calmet suppose que Maure pourrait venir de l'hébreu : MOUR, *changer de*

---

(1) En tê Libuê mega ethnos. Eratosthène apud Strabon. L. XVII, 786.

(2) Sing. *Megharbi*, occidental; plur. *El-Meghârbet*, les occidentaux. Je crois qu'il faut ranger le rapprochement de Maure et de Maghreb, avec celui que les Romains faisaient de *Gallus*, Gaulois, et de *gallus*, coq.

place, *s'ébranler*, ou de MAAR, *être prompt*. Il me semble
qu'il y a une explication bien plus simple de ce vocable.
Les Latins ont donné le nom de Maures à presque tous
les Africains septentrionaux ; les Grecs nommaient plus particulièrement Maures (Maurisloï et Maurutioï), tantôt les
habitants du Maroc actuel, tantôt les Libyens de la Marmarique. Pourquoi *Maures* ne viendrait-il pas naïvement
de *Mauros* qui, en grec, rendait l'idée d'un peuple à teint
mat et uni ; et *Marmarique* de *Marmarizô*, identique à
Marmairô, je brille, je suis en pleine lumière ? Le premier
de ces appellatifs conviendrait parfaitement à une population aryenne ou iranienne transplantée sur le sol africain
entre des Egyptiens et des Nègres ; le second à une contrée sablonneuse reflétant ardemment les rayons du
soleil.

Quoique la plupart des historiens anciens tirent du mot
nomade (1) l'origine de l'ethnique *numide*, j'ai peine à me
ranger à leur opinion. D'abord les Numides étaient-ils
réellement nomades ? Le pays qu'ils habitaient plus particulièrement, notre province de Constantine, est un pays
de riche culture, et il était effectivement bien cultivé sous la
domination des Numides (2) ; il y avait des châteaux-forts,
des villes importantes et rapprochées l'une de l'autre ; on
y faisait un commerce assez considérable. — Des villes,
des forts et du commerce n'indiquent guère des populations nomades.

« Après la Mauritanie, lisons-nous dans l'écrit intitulé :
Junioris philosophi totius orbis descriptio, vient la Numidie,

(1) Du radical grec *nomé*, pacage, pâturage.
(2) La même observation se trouve consignée dans un remarquable article
encore inédit de notre studieux collègue M. Tauxier.

contrée abondante en fruits de la terre, se suffisant à elle-
même et faisant commerce de vêtements variés et d'excellents animaux (1). »

Enfin Hérodote a soin de spécifier par deux fois (2) que
« depuis l'Egypte jusqu'au lac Triton les Libyens sont
nomades, vivant de chair et de laitage,... mais qu'à
l'occident du lac Triton, les Libyens ne sont pas nomades;
et non content de cette double affirmation, il répète plus
bas : « Au couchant du fleuve Triton, les Lybiens limitrophes des Auses sont agriculteurs et vivent dans des
maisons stables. Leur nom est Maxyes. »

Or nous savons que le pays des Numides était fort boisé;
il l'est encore du reste; pourquoi alors l'ethnique Numide
ne viendrait-il pas du gaulois latinisé *Nimidæ ? « De sa-
cris sylvarum quæ Nimidas vocant* (3). »

On se préoccupe, et avec raison, du sens du radical
MASS ou MAX qui entre dans la composition de beaucoup
de noms berbères. Les uns, par des rapprochements que
la linguistique n'aurait pas le droit de désavouer, je le re-
connais, lui prêtent le sens de *fils* (M. de Slane); d'autres
celui de *mère* (M. le général Faidherbe); d'autres veulent
y découvrir un titre honorifique comme celui de sire. Mais
alors, se demande avec raison notre judicieux président,
pourquoi Jugurtha ne s'appellerait-il pas Masjugurtha ?—
N'y aurait-il pas là une fausse interprétation d'une idée
juste ? — *Mass, maz, max* signifient, il est vrai, *grand*,

---

(1) Ed. Didot, p. 526 : Post Mauritaniam sequitur Numidia fructibus
abundans et sibi sufficiens. Negotia autem hæc variarum vestium et anima-
lium optimorum.

(2) Liv. IV, 181 et 186.

(3) Voir citat. reprod. par Am. Thierry, *Hist. des Gaul.*, I, 99.

maître, *libre*, du radical sanskrit *nah*, comme on le verra plus loin. Pourquoi les noms berbères ne se composeraient-ils pas de deux épithètes réunies, comme chez les Celtes et surtout chez les Germains, Hlod-wig, Hlod-mir, Hlod-bert, Hild-bert, etc. Dans cette hypothèse, ces noms s'expliqueraient parfaitement par eux-mêmes :

MASSINISSA, — grand et fort (*mass*, grand, noble, libre, et *nizha*, *nissa*, force).

MASSINTHA, — grand et rude combattant (*iouth*, frapper).

MASSAOUA, — grand et vaillant (*aoua*, vaillant).

MASSILA (*Massilui*), — grand et riche (*cila*, bien, richesse).

MASSADA, — grand et heureux (*saad*, bonheur).

MASSESYLI (*massœsilui*), — peuple grand et faiseur de butin (*essay*, butin).

MASSESILA, — grand et rapide (*ezil*, *esil*, courir).

MASSOULA, — grand et courageux (*oul*, cœur).

MASSITRAHH, — grand et fier (*itrahh*, colère).

MASSITURA, — grand et brillant (*ithri*, astre).

MASSESINA, — grand et savant (*esin*, savoir).

MASSARA, — grand et prudent (*zara*, *sara*, se méfier).

MASSALA, — grand et pieux (*zal*, *sal*, prier).

MASSOUADA, — grand et fidèle (*ouada*, promesse).

MASSIMNA, — grand et protecteur (*emnaa*, protéger), etc.

Massilia, l'antique nom de la cité provençale, Marseille, ne semble-t-il pas un appellatif berbère, et n'est-on pas frappé de sa relation intime avec les noms de Massylii, de Massœsilyi et de tant d'autres que je viens de citer? Combien de villes de l'ancien territoire aquitain et ligure commencent par ce même radical (1).

_____

(1) Eustathius (éd. Didot, p. 231) tire Massilia de l'éolien *massai*, *lier*,

Sans se préoccuper de l'origine métallurgique ou non du mot : Ibère, ne pourrait-on pas admettre quelque rapprochement entre les Ibères et les *Iobbaren*, population que les Touaregs disent avoir occupé la Berbérie avant eux ?

Corippus, dans sa *Iohannide*, nous signale une tribu berbère du nom de Mazax ; or mazax et makax, aussi bien que makax et bakax sont identiques. « Nous savons par Ptolémée, dit M. de Slane (1), qu'il existait dans la Tingitane des *Bakoualai*, *Baquates* des inscriptions et *Bacuetes* de l'itinéraire. — Y a-t-il bien loin de ces appellatifs commençant tous par *bak* ou autres formes adéquates, aux Bakax, Makax ou Mazax de *la Iohannide ?*

Au huitième siècle de notre ère, une secte berbère hérétique, se séparant de l'islamisme, se prit à invoquer la divinité avec la formule suivante : *A bism en Yacos.* — « Yacos, ou peut-être Bacos, poursuit M. de Slane, est un mot inconnu en berbère ; serait-ce Bacchus ? dont le culte s'était très-répandu en Afrique. »

Cette question, dont l'intérêt est aisé à entrevoir, se rattache, pour moi, à un fait non moins curieux. Sur la caverne du Djebel-Taya, M. Bourguignat a lu une inscription qu'il traduit par AUGUSTO BACACI SACRUM. — Ne voit-on pas qu'il existe un rapport intime entre ce dieu Bacax et les autres vocables que je viens de citer ? Ce Bacax ne serait-il pas le premier conducteur des Iaones en Libye ? ne serait-ce pas le Bacchus indien qui aurait amené sur la côte septentrionale de l'Afrique une colonie d'In-

---

et, ajoute-t-il, « a nescio quo Alici piscatore. » — Avec des nescio quo, on sort aisément d'embarras.

(1) *Hist. des Berbères* ; appendice.

diens-Iaones, conformément à la tradition reproduite par le plus scrupuleux des géographes anciens, Strabon? — Bacchus et Iacchus ne sont-ils pas synonymes comme Yakos et Bakax?

Mais, objectera-t-on, Strabon place les Indiens sous la conduite d'un Hercule. — Hercule, avant de devenir un nom propre, n'aurait-il pas été un titre honorifique comme le Brenn des Gaulois, le Pharaon des Egyptiens, le Goliath des Philistins? On me répondra sans doute que, pour les Grecs, Hercule représentait une individualité précise et que les Héraclides étaient des personnages historiques. Beaucoup de personnages non moins historiques ont porté le nom de Basile; cela empêche-t-il que le vocable Basileus n'ait eu également dans l'origine le sens de base ou chef du peuple?

En sanskrit le radical ER, AR signifie *atteindre, s'élever;* en indien même : ARYAS, *noble et vaillant;* en grec : ARÈS, *Mars;* EROS, *chef de dême, héros.* De CAL et KUL, *réunir, assembler,* proviennent KEL et AKAL, *peuple* et *pays.* ER-KEL ou ER-KUL aurait donc signifié dans l'idiome iaone *chef* ou *conducteur du peuple?*

Ne suit-il pas de là naturellement que le dieu Bacax, dont nous retrouvons le nom au Djebel-Taya, ne serait autre que le Bakos ou Yacos, Bacchus ou Iacchus indien, chef des premiers colons iaones de la Libye?

III. — PROBABILITÉS TIRÉES DU CARACTÈRE DES BERBÈRES.

Passons au troisième élément de probabilité que j'ai mentionné plus haut, et cherchons l'origine des Berbères dans les traits dominants de leurs mœurs et de leur caractère.

Un écrivain que j'aime à citer avant tout autre à cause du soin consciencieux avec lequel il assied ses jugements, M. Amédée Thierry, dans la préface de son *Histoire des Gaulois*, se pose la question suivante :

« Les masses ont-elles donc aussi un caractère, type moral, que l'éducation peut bien modifier, mais qu'elle n'efface point? En d'autres termes, existe-t-il dans l'espèce humaine des familles et des races, comme il existe des individus dans ces races? ce problème me paraît résolu par le fait. »

M. Am. Thierry apporte en preuve de son opinion un portrait largement tracé des types celte et germain. Il en montre les différences que la tradition et l'histoire nous ont successivement signalées et qui subsistent encore. Je prends acte et du principe et de ses conséquences pour en tirer parti tout-à-l'heure, et je cite une dernière phrase qui justifiera ma thèse :

« Lorsqu'on veut faire avec fruit un tel travail d'observation sur les peuples, ajoute l'éminent historien, c'est à l'état nomade qu'il faut les étudier (1). »

Je serai donc aisément dans le vrai; car des trois races que j'ai à comparer, deux étaient plus ou moins nomades à l'époque où je me reporte. Dans la première partie de ce travail j'ai déjà touché un mot des traits qui distinguent le Sémite, le Couschite et l'Aryen.

Du Sémite les principales caractéristiques (2), c'est une inflexibilité de caractère qui répugne à l'innovation

---

(1) *Hist. des Gaul.*, in-18 js, t. 1, p. 2 et 3.
(2) Id., voir 1re partie, p. 18.

ou ne la subit qu'à la suite d'une longue pression; une langue presque immuable dans ses racines et dans ses formes; comme religion, un monothéisme jaloux; je dis jaloux, parce que, pour le Sémite, son Dieu est à lui, il ne le partage avec personne, et n'admet pas que les nations voisines se permettent de l'adorer. Si ce trait n'est pas vrai de l'Arabe, il l'est de l'Hébreu. — En tous cas monothéisme absolu, sans examen, sans libre arbitre. Dans la pratique, il s'accommode de rites inflexibles et ne discute rien, ni loi, ni foi; comme tendance politique, despotisme patriarchal ou souverain; en tous cas pouvoir unique et entier; comme rapport social dans le mariage, la femme esclave de l'homme et réduite presque à l'état de chose.

Chez le Couschite, ou du moins chez celui que nous connaissons le mieux, l'Egyptien, la condition de la femme est plus libre, mais il semble qu'elle soit sans importance morale. La pensée religieuse est peut-être au fond monothéiste, mais elle se présente extérieurement sous forme de symbolisme panthéistique. On devine aisément que cette forme n'est rien qu'un moyen de gouvernement hiératique. — En résumé, rites despotiques et pas de liberté politique; ordre dans les choses et bienêtre matériel de l'individu soumis au joug.

Si l'Arien proprement dit a quelques traits de ressemblance avec l'Egyptien, l'Iaone, son rejeton le plus vivace, et tous les Indo-Germains qui lui ont succédé en Europe et en Afrique diffèrent essentiellement du Couschite comme du Sémite.

Extrême mobilité d'esprit; langues incessamment soumises aux modifications que leur impose le changement des idées et des habitudes. Religions oscillant entre le dualisme, le fatalisme et le panthéisme cosmologique ou anthropomorphique; en tous cas et surtout, liberté d'examen, philosophie. Au point de vue politique, démocratisme ou tout au moins pouvoir tempéré et délibératif; au point de vue social, la femme libre, marchant l'égale de l'homme sinon sa supérieure; amour chevaleresque, souvent indépendant de la sensualité.

Ce caractère si tranché des deux autres est propre aux familles celtes et germaines. Il se retrouve vivant chez les Berbères qui ont vécu le plus abrités du contact étranger, chez les Touaregs par exemple. Le sentiment de la galanterie platonique et délicate a même survécu chez eux à l'islamisme. « Chez les Touaregs, dit M. Duveyrier, les mœurs permettent entre hommes et femmes, en dehors de l'époux et de l'épouse, des rapports qui rappellent la chevalerie du moyen-âge. Ainsi la femme pourra broder sur le voile ou écrire sur le bouclier de son chevalier des vers à sa louange, des souhaits de prospérité; le chevalier pourra graver sur les rochers le nom de sa belle, chanter ses vertus, et personne n'y voit rien de mal. « L'ami et l'amie, disent les Touaregs, sont pour les yeux, pour le cœur, et non pour le lit seulement, comme chez les Arabes. »

Ce n'est pas d'aujourd'hui que le respect de la femme forme un trait caractéristique des Berbères. Nicolas Damascène, dans sa *Collection de coutumes remarquables*, nous le montre existant chez plusieurs peuples de la Libye. « Chez les Bœaiens, par exemple, un homme gouvernait les hommes; mais une femme régnait sur les femmes (1). » — « Chez les Machlyes-Libyens, lorsque

(1) Nic. Damasc., frag. 133.

plusieurs jeunes gens prétendaient à la main d'une jeune fille, le père de celle-ci les réunissait à dîner. Tous faisaient assaut de propos plaisants, et celui qui la faisait rire l'épousait (1).

Cette coutume ne rappelle-t-elle pas celle des Massiliens (de Marseille), chez lesquels, les prétendants d'une jeune fille étant également réunis à un repas, celui auquel elle présentait une coupe pleine devenait son époux.» — «Chez les Atarantes, plus longtemps une vierge conservait son indépendance, plus elle gagnait en considération.»

Un dernier trait rapproche les Numides des Celtes; les uns comme les autres mesuraient le temps non par les jours, mais par les nuits.

Ainsi les probabilités que l'on peut tirer de la situation géographique, du naturel des limitrophes et des traits dominants du caractère, s'accordent toutes, selon moi, à séparer les Berbères des Sémites, des Égyptiens et des Cananéens; elles les rangent, au contraire, au nombre des familles aryennes, du groupe iaone d'une part et du groupe celte de l'autre.

Voyons si la glossologie confirmera ces conjectures.

IV. — PROBABILITÉS TIRÉES DE LA LANGUE BERBÈRE.

J'aborde la partie la plus délicate de mon travail : la comparaison du berbère avec d'autres langues dont l'origine est connue. L'utilité de cette étude ne saurait se discuter. Pour s'en convaincre, il suffit de se rappeler les lignes suivantes de M. Duveyrier (2) : «Maintenant, si on

(1) Id., frag. 136.
(2) *Les Touaregs du Nord*, t. I, p. 237.

me demande à quelle souche je rattache les Imohagh, descendants des Imazighen, des Mazig des généalogistes, et des Mazyes ou Maziques de l'antiquité, je dirai que désormais l'étude de la langue temahaq comparée aux autres langues africaines et asiatiques, peut seule jeter quelque lumière sur la question. »—Un homme d'une grande science et que j'ai déjà bien souvent cité, M. le baron de Slane (1), déclare, à la fin de sa traduction d'Ibn-Khaldoun, qu'il lui paraît téméraire d'essayer, dans l'état actuel de nos connaissances, l'explication étymologique de la langue berbère. Je le crois comme lui; mais s'il y a des audaces orgueilleuses, il y en a d'un caractère tout différent. S'exposer à des mécomptes, à d'inévitables erreurs, à des polémiques plus ou moins bienveillantes, à des démentis lorsque la science aura marché, ce n'est plus de l'orgueil, c'est du dévoûment, presque de l'humilité. Tel est, en effet, le sentiment qui m'anime, un dévoûment où j'ai dû faire abstraction de mon amour-propre pour livrer sans défense et sans réserve mes appréciations à la critique du présent et du lendemain.

Cependant au moment de m'engager dans cette route difficile, on trouvera, je pense, légitime que je prenne quelques précautions, que je me prémunisse moi-même contre les dangers du parcours et que je les signale au lecteur.

La glossologie est une science nouvelle, elle n'a pas encore de règles bien assurées, aussi échoue-t-elle souvent contre deux écueils : l'excès de confiance de l'initié, l'excès de méfiance du profane.

Aucune étude peut-être n'engendre plus d'illusions. Il

---

(1) *Hist. des Berbères*, append.

y a là des feux-follets et des mirages décevants comme ceux qui égarent et perdent les voyageurs; il faut se prémunir contre leurs entraînements. On n'y parvient qu'avec une extrême circonspection, et surtout en s'assurant que l'homologie qu'on rencontre entre deux mots se retrouve entre d'autres dérivés du même radical. Mais plus le linguiste se sera méfié de lui-même, moins on aura le droit de se méfier de ses appréciations. Généralement cependant on est très-disposé à considérer comme des jeux du hasard les assimilations les plus évidentes, et à traiter de paradoxales celles qu'on ne découvre et ne reconnaît qu'avec un certain effort. Plus les mots sont usuels, plus les altérations qui se produisent entre eux et leurs congénères sont profondes. Il n'y a que l'œil exercé du linguiste qui les devine sous la forme, étrange parfois, qui les masque, et que la bonne foi du croyant qui en admette l'analogie; car en glossologie comme en religion, il y a des mystères; sans la foi, pas de salut.

Quelle est au reste, en dehors des sciences exactes, celle qui n'a pas de mystères? toutes ont besoin qu'on leur accorde certaines prémisses, toutes doivent d'abord marchander la confiance. Mais la linguistique est une de celles à qui l'on refuse le plus légèrement cette confiance, précisément parce qu'elle lui est plus nécessaire. Il faut pourtant en prendre son parti; ou la glossologie n'est qu'un rêve, j'allais dire une moquerie, ou il faut, à elle aussi, accorder ses prémisses; et lorsque, par exemple, elle a démontré la parenté de cent mots dans deux langues différentes, lui laisser le droit d'affirmer l'affinité de beaucoup d'autres malgré les dissemblances réelles ou apparentes qui les divisent. Voltaire a beaucoup plaisanté de ce qu'on tirait Ionien de Iapet en changeant JA en IO

et PET en NIEN (1). C'est plaisant en effet; y a-t-il plus loin cependant de Javanas à Jafet qu'à Jonien; plus loin que du grec *gyné*, femme, au béotien, *bana*, à l'épirote *grue* (2); plus loin que de *jour* à *dies* (3)? — Personne ne conteste ces affinités parce qu'on y est habitué. On admet sans hésiter que *filius*, fils, est identique à *uios* (épirote *biir*, fille, *biie*), et *forma*, par inversion, à *morphé* comme *môn* à *num*; on veut bien croire à la parenté intime du russe *igo* et du sanskrit *joudj*, joindre; de l'éolien *pisures*, du gothique *fidvor* et du slave *tchetyrie*. On sait que ces assimilations, étranges au premier abord, sont justifiées par un ensemble de constatations, et l'on se soumet. Mais comment serais-je reçu si j'établissais de semblables homologies entre le berbère et les autres idiomes indo-européens? Me croira-t-on quand je dirai que le tamachek *echou*, le zenaga *ekhou* sont frères d'*equus*, frère

---

(1) La langue ionienne s'appelait Ias (iadis). En grec, la Ias ark'ara ou palaïa était la langue poétique, celle d'Homère; la Ias deutera ou nea comprenait tout ce qui avait été écrit en ionien depuis les épiques. Pourquoi Japetus ne serait-il pas une corrupt'on de Ia-pater? et synonyme du Jupiter italiote dont les Grecs auraient fait Zeus-pater pour diviniser leur premier aïeul?

(2) Je cite l'épirote parce que, comme le berbère, il manque de littérature et qu'il est arrivé au même degré de corruption.

(3) Pour se convaincre de la réalité des rapprochements glossologiques, il faut, avant de chercher à réconcilier les dérivés avec le radical, observer à quel point ils peuvent s'en écarter. Aussi recommanderai-je aux catéchumènes de la linguistique des exercices dans le genre de celui-ci, où je réunis à dessein des mots incontestablement frères, malgré les différences de forme que l'usage leur a imposées : lat. *aqua*, fr. *eau*; lat. *cadere*, fr. *cheoir*, bourguignon *chezi*, bas-normand *kê*; lat. *capere*, limousin *tchabir*; fr. *fourche*, esp. *horca*; lat. *episcopus*, fr. *évêque*, angl. *bishop*, épirote *opeschop*; lat. *fames*, esp. *hambre*, épir. *huuia*, etc., etc.

lui-même du grec *ippos* (ippos pour ikkos, comme pôs pour kôs, etc.) du français *cheval*, de l'épirote *caale*, du bas-latin *caballus*, et pourtant il est certain que ces divers vocables procèdent tous du sanskrit *kvâs* qui se retrouve identique dans le bas-normand *kvâs*.

Mais, se demandera-t-on, d'où vient que le mot français *cheval* et surtout le patois normand *kvâs* soient plus voisins du sanskrit *kvâs* que le *equus* latin (1)? — Comment se fait-il, ajouterai-je, que certains mots nous soient arrivés directement du sanskrit sans avoir laissé de trace, au moins dans la langue littéraire des intermédiaires (2). C'est ici le lieu de consigner deux observations intéressantes; la première que sous la langue littéraire et officielle d'un peuple policé il y a toujours une langue populaire qui possède des mots spéciaux, termes de patois vulgaire, de jargon défectueux, d'argot même si l'on veut, mais qui surgiront peut-être un jour pour prendre leur volée; en attendant les académies les ignorent. La seconde, plus importante encore, c'est que deux ou trois idiomes, qui n'ont ensemble aucun contact, mais qui proviennent d'une même source, se trouvent avoir, au bout de plusieurs centaines d'années, des expressions de formes plus semblables entre elles que semblables aux vocables de la mère commune. Pourquoi? c'est que ces langues ont, chacune dans leur voie, marché du même pas, elles ont vieilli du même nombre de siècles, et l'âge a produit le même effet sur les vocables de l'une et de l'autre. C'est ainsi, par exemple, que, dans le berbère actuel, nous trouverons

(1) Rien ne prouve qu'on ne prononçât pas en vieux latin *Eqvos*, *Eqvous*.

(2) Patatrâ de patrami, tapor de tapami, chagrin de tchagrimi, et maints autres.

parfois des vocables plus rapprochés de leurs analogues anglais ou français que de leurs radicaux helléniques ou italiotes (1).

Encore un mot de généralité, et j'ai fini. Il y a deux manières de concevoir la glossologie: l'une adoptée par MM. Klaproth, Court de Gebelin, Latouche et beaucoup d'autres, consiste à prendre une langue comme type et à rapprocher de ses vocables des vocables puisés au hasard, çà et là, indifféremment, dans toutes les langues du globe, ou bien encore à forcer toutes ces langues à ressembler par quelque trait à la langue type qu'on a choisie pour étalon. Une pareille méthode ne peut avoir qu'un but : démontrer le monogénisme du langage humain, mais à coup sûr ça n'enseignera pas quelles sont les langues ayant entre elles des affinités plus marquées. La seconde méthode tend à grouper au contraire les langues par familles, afin de tirer de leur parenté des inductions historiques sur celles des peuples qui les parlent. Pour en arriver là, il ne suffit pas de signaler quelques rapprochements isolés, mais il faut établir des séries de mots reconnaissables chez tous les membres de la même famille. C'est cette dernière méthode que je veux appliquer au berbère. Mon premier soin doit donc être de rechercher à quel groupe de lan-

(1) Exemple : tamachek *ietkel* ou *t'iikel*, il prit, il enleva ; ang. *take*, prendre ; all. *decken*, abriter, couvrir, garder ; lat. *tegere* et *tangere*, atteindre ; gr. *stegein*, *tagein*, protéger ; sansk. *tvac*, même sens. — Voilà donc la série des mutations : sansk. *tvac*, abriter et garder ; en grec, première modification du sens, *tagô*, protéger et commander, *stego*, abriter ; all. *decken*, même sens ; en latin, bifurcation, *tego*, couvrir, *tango*, toucher. En angl. *take* et en berbère *tekel*, le dernier sens seulement : prendre. — Autre exemple : en berbère *timsi*, feu, de *fumus* très-probablement ; en épirote *fumus*, fumée, *tim*.

gues ressemble le berbère? Par sa physionomie générale, à aucun, je dois l'avouer. Un commerce incessant avec une foule d'étrangers, l'ignorance, l'inconduite, qu'on me passe le mot, de ce langage ouvert à tout venant, a effacé en partie ses traits naturels. On a vainement essayé de l'assimiler au copte (1). MM. Venture et Am. Jaubert inclinent à penser qu'il viendrait du punique; M. Juda a tenté aussi le rapprochement de quelques mots berbères avec les langues sémitiques, mais sans succès, à mon avis; il est, au contraire, arrivé, presque malgré lui, a une assimilation franche et directe chaque fois qu'il a eu recours au sanskrit.

C'est, en effet, selon moi, dans la famille indo-européenne qu'il faut chercher la parenté du berbère. La tâche n'est pas aisée, non-seulement par la raison que je disais tout-à-l'heure, l'effacement de son type originel; mais aussi parce que les Berbères n'ont jamais eu de littérature, j'entends un de ces ensembles de travaux littéraires qui fixent une langue. Or un idiome purement oral est exposé à toutes les influences extérieures et à tous les caprices individuels. Il s'approprie tantôt des mots du dehors qu'il affuble de ses affixes et de ses désinences, tantôt des formes grammaticales étrangères qui dénaturent ses propres radicaux; ce n'est pas tout encore : la Berbérie est immense, aussi s'y rencontre-t-il une foule de dialectes différents. Souvent d'une tribu à l'autre le même

(1) « Après avoir inutilement cherché quelques rapports entre le copte et la langue des Berbères ou des peuples originaires du mont Atlas, j'ai cru m'apercevoir de l'affinité de plusieurs mots égyptiens avec ceux du nord de l'Asie et du nord-est de l'Europe (Klaproth : *Mémoires relatifs à l'Asie*, p. 205).

mot change de forme, et des vocables évidemment identiques se prêtent à des mutations de lettres qui en modifient la prononciation. — D'une part donc, fléxions grammaticales et mots empruntés à l'étranger quoique vétus du costume national ; d'autre part, variations d'une tribu à l'autre de lettres dans les mêmes vocables et de vocables provenant de radicaux différents pour exprimer le même sens ; telles sont les difficultés au milieu desquelles il faut se diriger.

Pour y retrouver les traces de filiation qui sont l'objet de cette dernière partie de mon travail, il est clair qu'il faut, négligeant les mots nouveaux venus avec des coutumes nouvelles, s'appliquer à analyser de préférence les radicaux les plus usuels et qui forment comme le fonds familier du langage. Il faut toutefois se rappeler en même temps que ces mots les plus usuels sont précisément les plus sujets à s'altérer.

Quoi qu'il en soit, si mes conjectures sont fondées, je trouverai nécessairement dans le berbère des radicaux pris à trois sources : l'une indienne ou iaone, la seconde italiote ou latine, la troisième celte et ibérienne, sans compter les quelques mots qui pourraient venir de races antérieures à celles-ci, ni les mots adventices comme il s'en rencontre dans toutes les langues (1).

(1) Le programme que je trace ici exigerait un très-fort volume si je voulais le remplir exactement ; aussi n'ai-je pas cette prétention. Ce qui va suivre n'est qu'une ébauche, un spécimen où j'ai jeté presque au hasard les mots qui me sont tombés sous la plume. Je n'ai même pas donné tout ce que j'ai de fait. Il aurait fallu pour cela étendre démesurément ce travail, déjà trop long. Mais on m'en pardonnera, j'espère, le développement, en raison de l'importance du sujet.

1. — Rapprochements glossologiques.

Pour entrer en matière, je citerai la presque totalité d'une note fournie par M. E. Renan à M. Garnier, et insérée par celui-ci dans son *Traité des facultés de l'âme* (1) : c'est une bonne fortune pour moi que la rencontre de cette page qui semble faite à mon intention ; j'y trouve d'abord expliquées, en termes aussi clairs que précis, des notions que j'aurais dû, sans cela, exposer moi-même ; en outre, je m'asseois sur une base solide; je m'appuie sur une autorité considérable qui montre jusqu'où l'on peut aller en glossologie sans excéder les bornes de la vraisemblance.

« Le résultat le plus important de la linguistique moderne est d'avoir classé les langues en familles qui paraissent irréductibles les unes aux autres, mais dont les membres sont liés entre eux par la plus évidente parenté. Ainsi, parmi les langues de l'Asie, le zend, le sanskrit, le pali, le persan présentent les plus frappantes analogies, et ne sont, à vrai dire, que des variantes d'un type identique. D'un autre côté, l'hébreu, l'arabe, le syriaque, le chaldéen, le phénicien, le samaritain ne sont que des dialectes à peine différents d'une même langue. Le chinois, le birman, le tartare-mantchou présentent des rapports non moins évidents. Enfin les langues malaises forment aussi une famille très-caractérisée...

» Trois familles seulement ont été jusqu'ici l'objet d'une exploration scientifique. Ce sont les familles indo-germanique ou indo-européenne, sémitique et tartare. Elles renferment toutes les langues de l'Asie et de l'Europe, excepté les langues finnoises (finnois, madgyare) dont on fait une famille à part, et le basque qui, jusqu'ici, s'est montré rebelle à toute classification.

» La famille indo-germanique est de beaucoup la plus nombreuse et la plus importante. Elle renferme à elle seule presque toutes les langues de l'Europe, et s'étend depuis l'île de Ceylan jusqu'au fond

(1) Ed. in-8o, p. 479.

de la Scandinavie et jusqu'aux îles les plus reculées de l'occident. Les groupes principaux qui la composent sont le groupe indien (sanskrit, prakrit, pali, kawe et les langues modernes de l'Indoustan : bengali, mahratte, hindi, hindoui); le groupe iranien (zend, pehlvi, persan moderne); le groupe du Caucase (lesghi, ossète et une foule de dialectes, et peut-être l'arménien); le groupe slave (ancien slavon, lithuanien, russe, polonais, tchèque); le groupe greco-latin (grec, latin, toutes les langues néolatines, italien, provençal, espagnol, français); le groupe germanique (allemand et tous les anciens dialectes, gothique, anglo-saxon, suédois, islandais, etc.); le groupe celtique (langue erse, gaélic, celto-breton).

» La famille sémitique présente bien moins de variété, et n'offre que trois dialectes bien caractérisés : le dialecte du nord ou araméen qui renferme le syriaque et le chaldéen; le dialecte du milieu ou chananéen qui renferme l'hébreu, le phénicien, le samaritain; le dialecte du sud qui renferme l'arabe et l'éthiopien ou geez, parlé autrefois en Abyssinie. Ces dialectes ne diffèrent pas plus entre eux que le patois de deux provinces voisines.

» Quant à la famille tartare, les principales langues qui la composent sont le chinois, le tartare-mantchou, le birman et les dialectes de l'indo-chine, le tibétain, etc.

» L'état actuel de la science ne permet pas de fondre l'une dans l'autre ces familles réellement distinctes. Mais dans l'intérieur de chaque famille les rapprochements se présentent en foule. On peut dire sans exagération que les langues qui composent chaque famille offrent toutes un même fond de racines et de procédés grammaticaux; en sorte que la vraie manière de les comparer, c'est de prendre une même racine ou une même forme grammaticale et de les suivre dans leurs transformations à travers ces dialectes divers. C'est ce que Bopp a fait avec une science merveilleuse dans sa grammaire comparée de toutes les langues indo-germaniques et dans son glossaire sanskrit; et cela non par des rapprochements superficiels, mais par la comparaison des éléments intimes des radicaux. Voici quelques exemples de ces racines communes qui se rencontrent dans toutes les langues indo-germaniques sans exception :

» Sanskrit : Joudj (joindre); latin : *jung* (o); grec ; zeugnumi, zugos; lithuanien : jungin; slave : igo.

» Sanskrit : Jonvan (jeune); latin : *juvenis*; persan : juvani; lithuanien : jauna; slave : jùn; anglo-saxon : iung; celto-breton : yaouanc; gothique : juggs.

» Sanskrit : Maha (grand); persan : mih; grec : megas; latin : *magnus*, etc. Le H se change souvent en G en passant du sanskrit au grec : Douhatri, th'ugatêr, etc.

Sanskrit : Bu (être); latin : *fui, fore, ama(bam), ama(bo)*; grec : phuò; lithuanien : bu–li; allemand : ich bin; persan : bouden.

» Sanskrit : Bri (porter); grec : phérò; latin : *fero, porto*; gothique : bar, etc.

» Sanskrit : Bradj (briller); grec : phlégò; latin : *fulgeo*; gothique : bairh; anglo-saxon : blican; germanique : blich, blig, blic; lithuanien : blizgu; russe : blescu; écossais : boillsg.

» Sanskrit : Kas, ka, kim (qui, que); latin : *quis, quœ, quid*; persan : ke; lithuanien : kas; gothique : hvas; ionien : ko pour po, d'où kotéros, kòs pour potéros, pôs; slave : ky-i, ka-ja, ko-e; irlandais : cia; écossais : co.

» Sanskrit : Eka (un); lithuanien : ni-ekas (nullus); persan : iek; irlandais : each, neach (nullus); grec : ekatéros, ekastos, comparatifs et superlatifs de eka, comme ekatara (sanskrit), qui a le même sens que ekatéros; latin : *cocles* pour ek-ocles (borgne).

Sanskrit : Dwi (deux); persan : dou; grec : duò; slave : dva; lithuanien : du; gothique : thvai; celto-breton : dow; irlandais : da, do, di, etc. »

Avant qu'on n'ait oublié ces rapprochements du savant linguiste, poursuivons-les jusqu'au berbère.

Sanskrit : *jouoj (joindre)*, etc... kabyle D.B. (1) : a-zougel (joug); zeouadj (mariage); zenaga : o-mdjak, marié; latin : *conjux* (2).

---

(1) D. B. indique le dictionnaire berbère de 1844; V. P. celui de Venture de Paradis; T. D. les mots touaregs empruntés à M. Duveyrier; T. H. ceux pris dans la grammaire tamachek de M. Hanoteau.

(2) Il est vrai qu'en arabe unir se rend par le même radical *zoudj*, et qu'en basque lier se dit *jos*. Cela prouverait, contre l'opinion de M. Renan, qu'il y a bien des radicaux qui se retrouvent dans plusieurs des familles de langues.

Sanskrit : MAHA (grand), etc... libyien : sa-matho (1); kabyle : mekker, mokra. — Emgher (grandir); i-mzoura, majores (ancêtres) (2).

Sanskrit : Bu (être), etc... T. H., emous (3) (être); imous (il est); grec : eimi.

Sanskrit : BRI (porter), d'où le latin : porto, et son dérivé : porta (porte). En kabyle : ta-bourt, même sens. — Kabyle, D. B. a-brid (route); T. H. Ebrarer' (4) (emporter) ??

Sanskrit : BRadj (BRiller), etc.; kabyle, D. B. berk (éclair); V. P. bareuit (en arabe brek), même sens; D. B. ibrek (luisant); berch' (lumière produite par une arme à feu).

Sanskrit : kas, KA, etc.; T. H. AK, chAQue; akiien, chacun; ouliien, aucun; latin : ullus; haRET, rien; latin : RES.

Sanskrit : EKA (un); persan : iek, etc.; berbère du Souf : ighem, etc.

Je m'arrête; j'aurai à revenir sur les noms de nombre. Mais avant de commencer les rapprochements rangés par ordre à peu près alphabétique, que je vais donner tout-à-l'heure, qu'il me soit permis de citer d'abord une série de verbes pris presqu'à la suite l'un de l'autre, dans la *Grammaire tamachek* de M. Hanoteau (5).

Eg'medh, sortir; G. (6) erk'omai; egeomai, *marcher devant;* èkò,

(1) Alex. Polyhist (éd. Did., p. 238), énumérant le nom des différentes îles libyques, dit : « *Magna* nèsos libukè ò kata tès tôn Libuôn phônè *Samathô*, o esti megalè. » — *Sa* ne joue-t-il pas ici le rôle de l'aticle féminin *ta* ?

(2) Y a-t-il plus loin de *mokhra* à *maha,* que de maha à megas ou à magnus ? En tous cas la distance s'efface si l'on rapproche les dérivés : magister, maestro ; KAB. maes, mass ; T. H., mess ; G. masson et meizôn.

(3) *Mous, emous* est assurément plus voisin de *bu* et de *bouden* que ceux-ci de fui, fore, phuô (M=B comme B=F).

(4) r', gh', kh' représentent un R fortement grasseyié ; un son analogue au CH grec.

(5) Page 55 et suivantes.

(6) Pour ménager la place, j'emploierai les abbréviations suivantes : S. sanskrit, G. grec, L. latin, K. kabyle, A allemand, Go. gothique, R. russe, T. H. et T. D. sont expliqués plus haut.

arriver ; igmai , *je suis allé.* — Adeg , conduire. G. odoð; L. duco,
même sens. — Eoudhi , arriver; *même radical,* d'où G. odos, route.
—Erhi, aimer; G. erâ, même sens.—Ek'sen, détester ; G. ek'th'raino,
haïr ; ek'th'ra (1), *haine.* — Ag'ez, surveiller, GUETTER , AGUETS. —
Kemmet, cueillir, *écumer.* — Ermes, prendre ,saisir; G. arnumai ;
A. arm, *bras.* — Eddeg, piquer, *diguer, dague.* — Enkedh, couper ;
L. cædere, *couteau.* — Aout, frapper; G. ôthéð, même sens. —Erz,
casser, BRISER; rassð, même sens. — Kim, s'asseoir; G. keimai ,
se reposer. — Ekf, donner ; L. capere, *prendre.* — Added, mordre,
dent ; G. daknô, même sens.—Ekch, manger; S. gas, même sens. —
Ergeh, marcher; G. erk'omai, même sens.— Eggech, entrer ; A. gehen ; L. gradiri, gressus. — Esou, boire; L. sitiri, sitis. — Ar,
ouri, *ouvrir* ; L. oriri. — As, aller; vieux français : issir, *issue,* etc., etc.

Je tenais à citer tout d'abord cette série de verbes pris
comme ils se sont présentés, parce qu'ils prouvent qu'il
n'est pas besoin de chercher ça et là, pour rencontrer les
analogies du berbère avec les idiomes aryens.

« Le singulier des noms masculins, dit M. Hanoteau (2), commence par un des sons voyelles A, E, I, O, OU; le pluriel par le
son I. Les féminins par un T au singulier et au pluriel. » Cet article
féminin TA rappelle le pronom indicatif sanskrit TA, *celui-là* et
celle-là. L'article pluriel I est l'article grec OI tel qu'il se prononce
aujourd'hui. L'article singulier masculin A est la forme dorienne du
même article grec. Au surplus, le berbère aussi bien que le latin a
beaucoup plus de rapport avec le dorien et l'éolien, qu'avec l'ionien
ou l'attique (3).

L'article berbère de l'un et de l'autre genre se comportant comme

(1) Le TH grec a le son du th anglais; le D a le même son doux. — Le
dorien les remplace souvent par un S.

(2) *Gramm. tamachek,* p. 15.

(3) Dans la première églogue de Théocrite, le chevrier dit à Thyrsis :
« Chante comme lorsque tu as vaincu en chantant le Libyen Chromis. »
Les Doriens de Sicile et les Libyens s'entendaient-ils donc assez pour en-
gager ensemble des combats de chant alternatif?

un affixe et faisant corps avec le mot, il faut l'éliminer pour reconnaître le radical ; je l'en séparerai de cette manière : *ta-bourt*, la porte (*bourt*, porte).

Pour les substantifs et les verbes, je me borne à signaler les formatives en capitales ; je n'y joindrai des explications que quand elles me paraîtront indispensables.

Abandonner. K. FIL ; G. SPALLein, tomber ; L. FALLere, FAILLir ; A. FALL, FALLen.

Abondance. T. H. ANJI, ANGI ; G. ENKus, gros, gras ; AGau, beaucoup ; EK'ein, avoir.

Accepter. K. EKDel ; L. CAPere, *accepter*.

Accident. K. LADa ; L. LÆDere, *léser*,

Agenouiller (s'). T. H. GEN ; L. GENu, GENou.

Agréer. K. IRDou ; L. ARDere, ARDere ; G. RADios, aisé, facile.

Aigre (lait). T. H. AKH' ; L. ACRis, ACRe. Radical S. AC, *pénétrer*.

Agir (faire). T. H. EG ; G. et L. AGO. — T. D. EGen, EDJen, *combat*, ACTion. — T. H. EGen, *armée* ; G. AGONê.

Aimer (d'amitié). K. AMmil (imp. *aime*) ; S. AM, *vénérer, honorer* ; L. AMO. — T. H. AMIDi, *ami* ; L. AMICus, MITis, *doux* ; épirote : MICh, *ami*, MIGHessia, AMICilia. — (D'amour.) T. H. ERHi ; G. ERaô ; — T. H. ERa (t-era) *amour* ; G. erôs.

Agilité. K. AJLa ; AGILitas.

Ame. T. H. MAN ; L. MENS, *intelligence* ; S. atMAN, MANas, *esprit* ; G. autMÊ, MENos ; Go. ahMA.

Aller. — Ici se place une observation importante, c'est que les radicaux signifiant *être* et *aller* se font d'incessants emprunts dans la famille aryenne et prennent très-fréquemment le sens l'un de l'autre. Ainsi : T. H. AS, *aller*, S. AS, *être*, L. ESSe. — K. ABA, *s'en aller* ; S. BU, *être* ; G. BAô, je VAis ; V. P. teWADa, L. VADo, *s'évader* ; — T. H. EK, *marcher*, G. eô, *être et aller* ; L. eo ; An. go ; A. gehen ; — T. H. GED, *tu vas* ; S. GOD, même sens. — T. H. IL, *être*, ALLER ; basque : IL, *mourir, s'en aller* ; G. LAô ; PELô, *exister*.

Ane. Zénaga : AZig ou AJig ; L. ASInus.

Animal sauvage. T. H. a-kh'KH'ou ; S. KRURas, *acerbe* ; G. KRAuros, *sauvage* ; L. CRUDus, CRUDelis.

Année. T. H. a-OUETAI ; L. ÆTAS, *âge*, VETus, *vieux* ; G. ETos, ETIa ; S. EDHa, *vieux* ; irlandais : EADU, *temps*.

Appeler. K. SIOUel ; L. CIO.

Asseoir (s'). K. sidaoun, *assieds-toi* ; L. sede. T. H. eknim, aquim ; G. keimai, *se reposer* ; L. quies ; G. koimaô, *assoupir*.

Aurore. T. H. aroura (radical kabyle : ar, *ouvrir*) ; L. oriri ; G. èr, èros, ear, le *printemps* et le *matin* ; L. aurora.

Astre. K. itri ; G. et L. aster.

Allumer. K. e-seragh ; S. sub, *briller* ; svar, *splendeur* ; G. (vieux) seireô, *briller* et *brûler* ; seir, *soleil*. — K. t-ziri, *la lune*.

Bélier. K. i-kerri ; G. kerais, *brebis* et *chèvre* ; L. hircus ; basque : aker, *bouc*.

Balayer. K. ennad ; L. nitens, net, nettoyer.

Beauté. T. H. te-housai, te-fousai ; G. ousia, *fortune* ; phusis, *nature*. — K. delaalit, *beau* ; G. deloô, déléazô, *attraire, séduire* ; déléar, *appât* ; — K. iilha, joli ; G. ilaôs, *propice*.

Beaucoup. T. H. houllan ; S. alam, *même sens* ; pulas, *nombreux* ; G. polus ; olos, *tout* ; Go. fulls, Fr. foule. An. full ; L. vulgus, plebs, populus.

Bœuf. T. H. (Ifouras) : esou, *bison* ; L. bos (dans plusieurs tribus : echou) ; épirote : chaa. — K. azguer, aïoug ; F. ajougué ? du radical sanskrit : juk, *joindre*.

Boire. T. H. sess, esou ; L. sitire, sitis.

Bouchée. T. H. ti-sekk-t ; L. secare, *couper, disséquer*.

Bon. T. H. ioular, ylar, *il est bon* ; L. hilaris, *joyeux* ; S. ul, *bon* ; G. loïôn, loïteros, *meilleur*.

Connaître. K. e-sin, *connais* ; G. idéin, L. scire.

Chien. K. a-kjoun, aszih ; G. kuôn ; L. canis ; S. cvan.

Couper. K. agh'zim ; F. raser ; S. ris, *même sens*.

Cacher (se). K. effir ; L. fugere, fuir.

Chaumière. T. D. ti-kaber ; L. camera, chambre.

Chemin. K. a-brid ; An. road. — T. H. a-barekka ; A. brucke, *pont*.

Chaleur. Zenaga : t-arradh ; L. aridus, urere, *brûler*. — K. zacal, *chaud* ; L. caldus.

Chèvre. T. H. t-igsi ; G. aïx, aïgos.

Caverne. K. salit ; L. saltus.

Cuire (faire). K. V. P. subb ; D. B. seou ; G. zéô, *bouillonner*, zômos, soupe ; L. asso.

Comme. T. H. chound ; S. tchoum ; L. cum.

Cœur (sein). Zenaga : outch' (outr') ; L. uter, *outre*. — (Poitrine.)

Zénaga : GOURGEUR, pluriel gourgueren; L. COR ; F. GORGE, GIRON.

Casser. T. H. ENZ ; zénaga : IRZA ; G. RESSÒ, RASSÒ, *rompre*.

Combat (bataille). T. H. i-MENGHI ; G. mak'é, mak'omai.

Couple. T. D. et K. SIN ; G. SUN ; (avec) L. SIMUL, *ensemble*.

Ce, ceci. Zénaga : ID; L. is, ea, ID. — Ceci (loin), IDEN ; cela (près) IADH.

Dire. T. H. ENNA; L. INUO, ANNUO, ENONCER; G. ÈN, de êmi, *dire*; ENITONTO, *ils dirent*.

Doigt. T. H. DAD, DOIGT; L. DIGITUS.

Dieu, se rend par trois vocables différents : T. D. a-manaï, de man, *âme*; T. H. ouguellid amekran, *le roi des grands*, et T. H. messiner, *le maître du savoir*.

T. H. ouïn isker enguellid-amekran etsa aï delaalit.

G. oion skeuazei agh'illeus-makrôn esti aeï deleazon.

F. ce que fait roi (des) grands est toujours bon.

Donner. T. H. IKFA; T. D. KEFID, inversion de CAPERE, prendre.

Diminuer. K. ENKES; L. ANGO, ANGOR, ANGUSTUS, ANGLE.

Dîner. K. i-MENSI, i-MENZI; L. MENSA, *table*;—T. D. AMADJAR; F. MANGER.

Dos. T. D. DHAHARET; L. DORSUS, DERRIÈRE.

Eau. — Pour ce vocable, je ne puis que répéter ici ce que j'ai mis dans ma réponse à M. le commandant Pétiot. Du reste, je ne crois pas possible de citer un rapprochement plus frappant et plus complet que celui que j'ai établi sous cette rubrique dans l'article dont je parle. J'avais commencé par poser en principe que, dans toute la famille indo-européenne, les idées d'*eau*, de *montagne* et d'*habitation* sont corrélatives. « L'union de ces idées est tellement intime, disais-je, que souvent les mêmes vocables désignent à la fois une source, une colline, un village; souvent aussi ils se suppléent; en sorte que la même forme qui signifiait *colline* ou *village* dans une des langues de ce rayon, voudra dire *rivière* dans une autre, et réciproquement. Cette corrélation est logique. Les montagnes sont les réservoirs d'où jaillissent les sources, d'où découlent les rivières; et là où l'élévation du terrain au-dessus des plaines encore marécageuses annonçait la salubrité de l'air, où l'abondance des eaux facilitait la vie commune, les immigrants s'arrêtaient et s'installaient. Si le berbère appartient à la même famille, la même corrélation d'idées s'y retrouve nécessairement; » et je citais les exemples suivants pour justifier ma thèse :

« Le premier qui s'offre à moi est le radical sanskrit MA, *s'étendre* et *produire*, d'où l'élément producteur par excellence dans la mythologie indienne, l'*eau*. Le grec et le latin ont perdu le radical direct, mais ils ont conservé des dérivés. Ainsi en grec : MADAÔ, *être humide*; latin : MADIDUS, même sens; AMNIS, *rivière*; FLUMEN, *fleuve*; MANARE, *couler*; et, en raison de l'alliance d'idées que j'expliquais tout à l'heure : MANERE, *s'arrêter, demeurer*, d'où MONS, *montagne* et MANSIO, *habitation, maison*.

Berbère : MAN (a-man) *eau*. Le radical *ma* se rencontre également dans l'arabe; mais il lui manque la formative N, que le berbère a conservée comme le latin AMNIS et MANARE.

IIe radical. S. AC, *pénétrer*; L. AQUA, *eau*; gael : AIG et AC, *eau*; G. uô, fut. usô, parf. uka, *pleuvoir, mouiller*.

S. ACMAN, *faîte*; G. AKA, *pointe*; L. CIMA, ACUMEN, CACUMEN, *cime*; berbère : AKA (ta-aka), *colline* et *village*. — G. dorien : PAGA, *source*; L. PAGUS, *village*.

S. CAMAN, *repos, station*; G. KEIMAI, *se reposer*; KOMA, *bourg, village*; berbère : KEMMOU et GUEMMOU (ta-guemmou-t), *colline et village*; KHAM (a-kham), *maison*.

IIIe radical. S. RI et RAY, *couler*; RAYAS, *flux*; RINAS, *fluide*; RIVUS, etc.; F. rut, rui, *ruisseau*, etc.; G. REO, *couler*; ROOS, *flux*; berbère : RH'A (te-rrh'a), *torrent*. — L. ROS, *rosée* (arroser); K. IRZER (arroser), *source*.

G. OROS, *montagne*; ionien : OUROS; T. D. et K. GH'OURD, EH'OUR, *colline*; OURI (ta-ouri-t), *colline et village*.

Basque : VRA, *eau*; VRIA, *village*; épirote : *vie*.

IVe radical. S. DRU, *s'élancer*; G. UDÔR, *eau*; DERA, *cîme*; K. DRAR (a-drar), *montagne*; gaulois : DUBRUM, *ruisseau*; DORY, *montagne*, d'où Mont-Dor; gael et kymrique : DOUN, DIN, *ville sur une colline*; gael : DOBHAR, *eau*; kymrique : DOUR, même sens; K. DOURER (a-dourer), *montagne*.

Ve radical (perdu), REG? L. RIGA, *rigole*; RIGARE, *irriguer*; Go. RIGN; A. REGEN, *arroser*; K. RGA (ta-rga), *rivière*; cambrien : ARGEL, *maison*.

G. UGRON, *eau*; REGNUMI, *se fendre et jaillir*; zenaga : RGEM (eu-rgem), *montagne*.

S. GHIRIS, *montagne*; GHIRHAM, enceinté; K. ZEGRI, *colline et village*; T. D. GHIR et GHOR, *eau courante*; ibère : GORA, *montagne*; norwégien : GORE, *habitation sur un tertre*.

Celtique : BRUIG, *habitation*. BRIGA, *ville fortifiée*; en langue de Thrace : BRIA, *ville*, d'après Strabon.

G. BRÉKEIN, *arroser*; BREGMA, *sommet de la tête*; A. BERG, *montagne*; BURG, *forteresse*; F. BOURG.

VI° radical. S. KAL, *jaillir*; KULAM, *éminence*; L. CULMEN, *sommet, comble*; COLLIS, *colline*; K. GHALLEN (I-ghallen), *collines*; F. COULER.

S. G'ALA, *eau vive*; suédois : KŒLLA, *source*; A. QUELL, *même sens*; gaulois : GILUM, gael : GHIL, *eau vive*; K. GHIL (ta-ghil-t), *colline et village*.

S. IL, *courir, fuir*; gael : LI, LLI, LIA, *eau vive*; K. ILLA, *eau*, et son dérivé *attemillal*, tertre et village (mot à mot : *père de l'eau*); G. EILEIN, *enfermer*; L. VILLA, *ville, village*.

BOUNOS en grec *mamelle*, et *mamelon*; son analogue se retrouve en kabyle où BOUH (ta-bouh-t ou ta-bouch-t) signifie *mamelle*, et BOUSIOU (ta-bousiou-t) est un des nombreux synonymes qui rendent l'idée complexe de *mamelon* et de *village*. »

Entrer. T. H. IGGEH; A. gehęu; An. go.

Ecouter. T. H. ESIL, *écoute*; L. SILE, *tais-toi*.

Etoile. T. D. ATRI, plur. ITRAN; S. TARA.

Et (particule) T. H. ED; An. ADD.

Enfant (nouveau-né). T. H. ARA, ARAOUREN; L. ORTUS de ORTRI; radical berbère : AR', *ouvrir*. — K. a-CHICH; espagnol : CUICO; An. CHILD. — T. H. MEDDEN, *enfants*; persan : MAD, *jeune*; An. MAID, *jeune fille*.

Eux (pronom). T. H. ESEN; L. IS; espagnol : ESSO, A. DIESEN.

Elévation. T. D. HAGGEN; G. AK'è; A. HANGEN, *être suspendu*. — T. D. IOHAGH, *être libre*.

Fantassin (piéton). V. P. TERRACH; D. B. a-TERRAS; L. TERERE, TARSUS.

Fils. Zenaga : O-GZI; G. GENESIS; L. GENITUS, GENUS, GENS; basque : GIÇON, *homme*.

K. OUR, O' et ROUR; L. ORIRI, *naître*; G. REÒ; épirote : BLIR; S. AR, *avancer*; mêmes radicaux que pour *ara*, *nouveau-né*.

T. D. IOUI; G. UIOS, PHUO, *j'engendre*; L. FILIUS.

T. H. AG, MAG' (1), ou; plur. aït et naït. — (a-g'); S. GA, produire ;
G. gaô; L. ACtus, ortus, natus? — T. H. SAT, set; S. SAThi, du radical SA, produire; L. SATUS. — K. immis; v. Petit.

Fille. K. ILLI, L. FILIA; bearnais : HILle. — T. H. set; L. sata.

Finir. T. H. FOUK, (imp.) *finis*; L. FAC. — Fini. T. H. midd; An.
made, *fuit*.

Frère. T. H. agna, plur. agnaten; L. agnatus?? basque : anaya ;
K. Eg'ma, igh'ma; L. germanus, geminus?? — D'après M. Hanoteau, ces vocables seraient composés de ag', *fils*, et anna ou ma ,
mère.

Firmament. T. D. erher; L. aer, ether.

Fuseau. T. D. teu-NAOUR; L. NODare, *nouer*.

Feu. K. th'-IMES; T. H. t-imsi; L. FUMUS; épirote : TIM, *fumée*,
d'un vieux radical aryen; TAN, TIN, feu, d'où en latin ex-TINGuo,
éteindre; An. TAN, *brûler*, THIN, *clair*, TIND, *allumer*. — L'enfer,
T. D. timsi-tan, feu des feux. — TITAN??

Femme. T. H. MET (ta-met). — K. te-methout; radical sanskrit MA,
produire; MA, *mère*; G. dorien : maïa, *mère et aïeule*; S. MATr; A.
MULter; R. mat'.

Frapper. K. aout; zenaga : outh. — *coup* : theit, thiitha; G. Otheô,
othizo, *battre* et *rudoyer*.

Feuille. T. D. ELA; K. V. P. a-FRIoun; D. B. ifer, plur. iFRIoun;
L. FOLium; G. phullon, du radical sanskrit : FRI, *trembler*.

Faire. T. H. EG; G. et L. AGere, AGir; basque : EG, ACtion. —
T. D. SEKe, et zenaga : esKER; G. SKEUê, SKEUazo; T. H. ag, *fais* ;
L. age.

T. H. Eg oua teddoubed (fais ce que tu dois).

L.   Age hoc tu debes.

Grand. T. H. MEKKeR; K. a-MKOR-an; G. MAKROS, megas, *grand*,
MAKar, *heureux*; K. EMGHER, *grandir*; L. MAjOR, *plus grand*, du radical sanskrit : maha, d'où amazig. etc.

Zenaga : azouF; L. SUPer, *sur*; G. SOPhos, sage, SCPtos, *honora-*
ble, SeBes, *vénérable*.

Guérir. K. ejji; G. ugieô.

Gratter. K. eKReTh; K. D. B. eKMez; G. kamassô, *j'agite*.

(1) L'o et le mac irlandais ne seraient-ils pas identiques à ces mots berbères ?

Groupe (troupe, foule). K. mella ; L. mille, multus ; G. ilê de illô, *agglomérer* ; d'où laos, li.

Honteux. Zenaga : i-DJKAD ; L. CADere, *tomber*, JACere, *abject*.

Habile. T. H. ich'the (= ir') ; L. ARS, ARTiS, solers, iNERTE, alERTE.

Heureux. K. saad ; S. sadus, *comblé* ; SADS, même sens ; L. SATio. — S. SVADUS, *doux* ; G. êdus ; L. *suavis* ; An. SWEET ; vieux français : SADe, *beau*.

Haut (élevé). K. D. B. alaï ; L. altus. Radical sanskrit AL, *augmenter*. Celtique : al, all.

Hausser. K. souli, radical sanskrit SAL. L. salio, saltus.

Homme (chef de famille). K. e-RGAZ ; L. RCGS (rex), radical sanskrit RAJ, roi. — (Homme vivant en réunion et protecteur des siens.) T. H. ALES ; G. elô, eilô, ALEXô, protéger, défendre (peut-être ana, *chef?*) ALÈS, *foule, réunion*. — (Mâle.) K. i-MZI ; L. mas. — (Être intelligent.) T. H. midden (au pluriel ; le singulier manque) ; S. maidhas. *intelligence* ; G. médos, *application* ; persan : mad, etc. — Peut-être, inversion de dêmos, pehlvi : demm, *réunion d'hommes* ; peut-être du radical sanskrit : mid, *rapprocher*, ou du radical : mas, *mâle* ; peut-être, enfin, ales peut-il venir de il, *être*, et midden, de mous, *être*, aussi. Je ne terminerai pas ce vocable sans rappeler qu'en arabe vulgaire, *homme* se dit radjel, similaire au sanskrit raja.

Jeune homme. K. a-BARADH ; radical sanskrit : VAR et VIR, *courir, défendre* ; VARAS, VIRAS, *époux*, VIRA, *femme* ; L. VIRAGO, vis, vires, VIRIDIS.

Jour. T. H. a-HEL ; G. HÊLios, *soleil*, HELÊ, HALE. — T. H. i-faou, *il fait jour* ; G. phaô, je luis.

Jumeau. T. H. ikni ; G. eikôn, de eoika, *ressembler*.

Indiscret. T. H. i-FTAL ; L. FAri, *parler*, FATum, FATaLis.

Jardin (verger). K. ourth ; L. hortus.

Impair. T. D. kerth, karth ; radical sanskrit : KAR, *diviser*, ou KART, *couper* ; karthas, *tronqué*.

Je (pronon personnel). T. H. nEK, en composition, AGH ; S. AHAm ; G. et L. EGO ; Go. IK.

Lumière. K. ta-FAT ; radical sanskrit : FAS ; G. PHÔS ; L. FAX.

Laid (être). T. H. e-LABAS ; L. LABES.

Lune. K. ti-ZIRI ; G. SEIR, *lumière* d'un astre ; T. H. ag-GOUR ; G. GUROS, *cercle*, GUROô, tourner en cercle. — Pleine lune, T. D. a-FA-

NEOR : G. phaô, phanô, briller, FANaL. — Nouvelle lune, T. D. al-
LIT ou tal-LIT ; L. LATeo ; G. LeTHê, LanTHanô, se tenir caché.

Maison. T. H. a-KHaM, OUKHaM ; S. AUKas ; G. OIKOS ; L. VICuS.
— T. H. a-HANA, *tente* ; S. VANa, habitation ; L. FANum, *temple* ;
A, HEIM ; An. HAM, HOME ; Fr. HAMeau.

Mensonge. K. ti-KERKas ; L. CIRCULUS, CERcle, *détour*.— Mentir.
T. D. i-KERKas ; dorien : GORiaô, railler ; An. gerd, *railleric*.

Mieux. T. H. i-OUF ; vieux saxon : YFERa, UFERa, *supérieur, meilleur* ; L. SUPER ; G. UPer, *sur*, OPHelIô, *augmenter* ; A. OFFen, *ouvert, libre*.

Mariage. K. NIMAH, *nœud* ; L. HYMEN ?

Maître. K. MESS, I. MAEStro ; L. MAGis.—Maîtresse ; T. H. MASSa.
— Radical sanskrit : maha, V. Grand.

Manger. T. H. EKCH (1) ; radical sanskrit GAS' ; A. essen.

Milieu (moitié). T. D. am-MAS ; I. MEZZO ; L. MEDIum.

Mauvais. T. H. MCHiD, MécHanT-MécHanceTé ; T. H. ICHaDDen.

Moulin. K. i-KERri ; G. GURoô.

Mère T. H. MA, ANNA ; K. iemMA. Radical sanskrit : mà, produire.
V. femme.

Même. T. H. i-MAN ; A. man, nianu, *homme, on* ; G. omos, *pareil*.

Montrer. K. sIKen ; L. SIGuum, sIGnaler.

Malheur. K. LeHaDit, LaDa ; L. LæDere, *laideur*.

Non. T. H. our', ouri' ; G. ouk', ouk'i. —T. H. our'ara, *non donc !*
G. ouk'ara.

Nombres. Aug. Latouche (1) avait déjà remarqué que le numératif cinq, se rendait en breton par *pemp*, en grec par *pente*, etc.
« *Pente*, dit-il, de PAS, APAS, PANTA, tout ; c'est une main tout
» entière. » Cette observation se trouve aujourd'hui corroborée par
une découverte que nous devons, comme tant d'autres, à notre
excellent collègue, M. Letourneux. Dans son voyage au Souf et à
l'Oued-Rhir, en 1860, l'infatigable observateur a rapporté la numéra-
tion du pays ; j'ai déjà eu occasion de m'en occuper en 1860, la
voici :

_____

(1) V. l'*Orient* (25 avril 1867), le développement donné à ce vocable par
M. Judas.

(1) *Etudes hébraïques*, p. 139.

En souf : un, ighem'   en touareg : ien, ioun.
—   deux, tzem   —   sin.
—   trois, charet   —   kerrad.
—   quatre, okkas   —   okkous.
—   cinq, fous   —   fous.

Ighem, *ien*, *ioun*, c'est le *aïkas* sanskrit, *eis* grec, *unus* latin ; d'où, selon moi, procède, dans tout ce même rayon, le pronom de la première personne ; le UN, c'est moi ; S. aham. — D'ailleurs, la main levée et ouverte, *le pouce me signale*. — *Tzem, sin*, répond au même numératif aryen : S. *dvi*, G. *d'uo*, A. *tzwei*. *Sin* qui représente en outre l'idée de couple, de deux doigts réunis, répond également à la copulative G, *sun* (avec), *simul* (ensemble), et en outre au pronom de la seconde personne : *su, toi*. En effet, si UN, c'est moi, DEUX, c'est toi. — *Charet, kerrad*, s'éloigne de la forme indo-européenne, treis (quoique le dorien fournisse des exemples de permutation du T au K) ; mais il se relie au sanskrit par son sens propre : *kerrad*, c'est l'*impair* (v. ce mot). Le medius, placé entre la première couple *sin* et la seconde *fous*, est en effet l'impair par excellence. — *Okkas, okkous*, pour moi, représente le doigt qui tombe. En berbère : *oueki* (se coucher), *oukouz* (déclin), *occasus*. — Enfin *fous* (cinq), c'est toute la main, a-FOUS.

Noir. T. H. i-NR'al ; G. neros ; L. niger.

Nier. T. H. NEKER ; L. NEGare.

Nez. K. i-NZer, plur. NZAREN ; L. NASus, NARis, NARine. Radical sanskrit : NAS.

Nourrir (allaiter). K. SOUTHET (TETer) ; G. TITHaino ; poétique : TI-THÉ, nourriture.

Nouer. T. D. eKRES, KERsegh, *j'ai noué* ; G. KREKO, ourdir. TREsser.

Ombre. T. H. téli ; G. deiles, *soir, ombre*.

Œil. T. H. t-IT, plur. t-ITTAouen ; G. IDein, voir.

Or. T. H. ourer ; L. aurum ; épirote : aar.

Ouvrir. T. H. ar' ; L. aperire, avril ; T. D. ourir ; Fr. ouvrir ; L. oriri.

Oui. T. H. iah ; A. ia.

Orgueilleux. T. H. a-NESBARAG ; G. SPARGaô, *être* gonflé, passionné.

Pied. T. D., a-DAR ; G. TARSOS, DRemi, DRAO, *fuir*, TRek'ô, courir ; L. TERere, fouler aux pieds.

Père. K. et T. H. TI ; gaulois : TA, et ATTA, mère ; G. ATTIA, grand'mère, ATTA, nom familier donné aux vieillards ; basque : aïTA turanien (lapon) : ATZIC. Radical sanskrit TA, TA, honorer.

Peuple. K. kel ; radical sanskrit : KUL, *réunir, assembler* ; G. kleio ; T. H. aguellid, *roi*, adoucissement de a-kel-t-it, *l'œil du peuple* ; comme amenokal, a-men-o-kal, l'âme du peuple.—libyen : LI ? basque : LI ; radical sanskrit : LI, *réunir*, LIER. — T. D. LOUA ; G. LAOS.

Petit. T. D. mezzi ; T. H. mzian ; K. imicu, imis, *enfant* ; Go. mins ; dorien : mikkes ; G. mikros, meïon ; L. minuo, minus ; radical sanskrit : smi, *diminuer*.

Pléiades. T. D. set-ahadh, *les filles de la nuit* ; set, L. satus, ahadh ; G. adès, enfer, obscurité.

Parole. T. H. te-FIRT ; L. FARI, *parler*.—K. Emsila, de sioul ; L. cio ; G. silloô.

Pays. T. H. tha-MOURI ; K. ta-MOURS ; G. MOIRÔ, je partage, MOIRA, part.

Partager. T. H. IZZOUN ; G. SKIZOMAI.

Pour. T. H. ad ; L. ad.

Puissant. T. H. INTAM ; L. ENITERE.

Plaire. T. H. i-GRAZ ; G. K'ARIS ; L. GRATIA ; Fr. aGRéer.

Posséder. T. H. EL ; G. ELÔ, EILÔ, ELAunô.

Paix. K. Lehéné ; L. lenis, lenire.

Quand, que, afin que. T. H. AS ; An. AS, même sens.

Quereller (disputer). T. H. KENnes ; G. KIneô.

Rhume (de cerveau). T. H. ta-RERAout ; G. reô, *couler*, coryza.

Regarder. K. m-OUECAL ; L. occulus.

Remède. K. i-SAFER ; SAUVER ; L. salvare.

Roi (V. peuple). libyen de la Cyrénaïque : battus ; S. battas, *éminent, dominant*. — K. a-MGH'ar, *seigneur* ; L. MAJOR ; G. MEGas, MAKAR, etc.

Rosée. K. NIDA ; G. nao, *couler*, NIPTO, *je lave* ; L. NITOR, *blancheur*.

Ruse. K. dahili ; G. dolos ; doleros, *rusé*.

Sabre. T. H. ta-KOUBA ; Fr. COUPER ; radical sanskrit : CAP, rompre ; G. KEPÔ, kopto.

Soleil. K. ta-FOUK ; L. FOCUS, VULCANUS.

Sœur. T. H. singulier oult-ma, pluriel i-set-ma ; L. satœ-matris.

Savoir. T. D. sen; D. B. essin. — Issan, *il sait*; G. isasi, il sait.

Surpasser. T. H. ouger; L. augere.

Sel. T. D. ti-sem-t; L. sal, *sel*; K. a-marragh; L. amarus, mare, *mer*.

Serf (servil). T. D. a-mrid; K. marainô, *flétrir*.

Sec. K. ikkour, iaccour; radical sanskrit : cus', sécher; D. B. kiou, *se dessécher*; G. kaiô; L. sicco.

Soir. T. D. t-occas-t; L. occasus, occident; K. t-adegga-t; L. decessus, même radical. — ta-middi-t, *fin de la journée*, de medi, *finir*. Radical sanskrit : med; An. made; G. meta; L. meta, *terme*, limite.

Sur. T. D. soufel, soufella; L. super; G. uper.

Si. T. H. enner; G. an, ean, êu.

Sa (pronom possessif féminin). D. B. is, ines; An. his.

Sauver. D. B. semaa; L. Sauus.

Secret (substantif). D. B. serr, serrer. — Clef, a-sarou, pluriel : i-soura, serrure.

Séparer (désunir). D B. efrek. — Séparation a-frak; L. frangere, fraction.

Siècle. D. B. korn, pluriel : kouroun; G. kronos; radical : guroô; celtique : cren, *rond*.

Tel (un tel). Mandam; de man, *on*; A. mann; et de dam, similaire au dam du *quidam* (latin).

Tout. D. B. te-mda, de emdi, *finir* (V. Soir). — T. H. eket (totalité); radical sanskrit eka, *un*. — T. H. akkaret (*chaque chose*); L. quœque res (V. Chose).

Tasse. K. thas, *vase pour boire*.

Témoin. T. D. gara; G. kérux, héraut.

Tête. T. H. i-gh'ef; G. kephalc; L. caput, Fr. chef. — K. i-kkef, a-kas; V. P. a-karroui, akai; radical sanskrit : kars, creuser; G. akê, *sommet*.

Tuer. T. H. enk'; T. D. ink'; radical sanscrit : nac, nuire; L. noceo, neco; G. niké, nekus, nekros; An. nick, *percer*.

Terre (continent). K. berr; G. érè; basque : err; L. terra.

Troupeau. K. ouilli; L. ovilis; Fr. *ouaille*. — T. H. ouilli, chèvre.

Tomber. K. res, (*tombe* à l'impératif); S. rik, *dévier*, rinkas, *écart*.

Tristesse. T. H. i-midhérau, misère.

Tourner. K. a-KAROUN; G. KERRÔ; Fr. CERCle.

Trouver. K. OUFI; A. FINDEN.

Toux. K. t-HOUSOUT; L. TUSSIS.

Tôton. K. ta-BOUCH-t; G. BOUNOS, même sens. — K. *verge*, *membre viril*, a-BOUCH-t; mêmes vocables, mais l'un au masculin, l'autre au féminin. — Bounos en grec signifie à la fois *mamelle* et *protubérance*.

Taureau. T. H. (chez les Isakk'amaren) : echou, esou, ekou; suisse : KUH, vache; An. cow; suédois : ko; danois : koe; radical sanskrit : GAUOS, même sens. — T. H. t-Eɛ, femelle de ESOU, bœuf; A. ochse; Go. auhsa; An. ox. — K. ta-FOUNES-t; femelle de BOUS (F = B). — G. boôn, *vacherie*, et PHATNÉ, *crèche, étable*.— S. goao; G. boaô, *mugir*.

Vieux, vieillard. Zenaga : a-GROUM; G. GÊRON, GÊRUS; S. JARAS, *vieillesee*; G. gêras; A. greis.

Ville. T. H. AK'EREm; G. AKRa, citadelle; celtique : KER, CAER; osque (ausone) : CAËN; italiote : CERE, KERE, d'où CERites (QUIRites).

Verger. T. H. i-FERG, VERGER.

Voir. K. irba; G. oraô. — SEL (*examiner*), consuLcre, consEIL; An. sea.

Vaincre. K. ERNI; S. NER, force, etc.

Venir. T. H. ouk' d'itis; G. ouk' de esctai : *il ne viendra pas*.

Voix. K. souts; S. sɣauas, *son*; G. tonôs, *ton*.

Uni. K., V. P. ISOUWA; G. ISOS.

Voleur. K. meK'RAD, i-meKRED; G. KERDÔS, *gain et ruse*. KERDainô, *gagner*.

Vallon. K. ta-LA-t; écossais : LAW, *basse terre*.

NOTA. Pour être complet, il faudrait, d'une part, prendre en berbère des phrases suivies et donner mot à mot les analogies aryennes; d'autre part, comme contre-épreuve, rapprocher des vocables berbères les mêmes vocables coptes, sémites, basques et turaniens, pour montrer en quoi et combien ils en diffèrent. Ce double travail, je l'ai fait en partie; mais il tiendrait ici trop de place.

V

Il est temps de finir. Si mes conjectures ont quelque fondement, j'en ai dit assez pour les recommander aux hommes de bonne foi; inutile de s'y appesantir davantage. Je me résume donc.

Dans la première partie de ce travail, j'ai montré les Berbères, principalement ceux du littoral tels qu'ils existent aujourd'hui, soit séparés, soit confondus avec les Arabes; j'ai signalé l'influence exercée sur eux durant les âges historiques par les Hellènes et les Egyptiens, influence qu'un peuple en partie nomade et sans assiette accepte toujours à son insu d'un peuple civilisé, influence qui se retrouve encore dans les habitudes de nos indigènes. J'ai montré ensuite la part des Romains et des Grecs. J'aurais pu signaler également la facilité avec laquelle les Berbères (Kabyles des trois régences ou Sahariens) ont accepté des Arabes avec l'islamisme une foule de formes et d'expressions; mais cela excédait mon cadre.

Dans la seconde partie, je me suis appliqué à supposer, le plus raisonnablement possible, l'origine de ces mêmes Berbères.

Après avoir analysé les traditions qui les concernent, traditions qu'ils ont, selon moi, plutôt reçues toutes faites de la bouche des écrivains arabes, que conservées dans leurs souvenirs nationaux, n'y voyant rien qui me satisfasse, j'ai étudié tour à tour les divers éléments où j'ai cru pouvoir puiser des probabilités sérieuses.

De la position géographique de la Berbérie, il m'a semblé légitime de conclure que ce long littoral avait dû recevoir ses premiers colons de l'Asie, de l'Italie, de l'Espagne, et de l'Espagne peut-être avant l'Italie et l'Asie elle-même. Cherchant alors quelles races de peuples avaient dû sortir de ces trois pépinières humaines, j'ai trouvé tout d'abord trois principaux facteurs probables de la race berbère : à l'orient les Iaones ou Aouas, désignés par leurs voisins sous le nom de Libyens; au centre et au couchant sans doute les Ausones et les Ibères, ensuite au couchant encore les Celtes, Gadhels ou Gétules.

Plus tard seraient venus se mêler à ces premières assises, des Iraniens, s'il faut en croire Hiempsal et les traditions puniques.

L'étude comparative en premier lieu des caractères et du naturel des Berbères, en second lieu de leur idiome avec ceux des Sémites, des Egyptiens et des Aryens m'ont confirmé dans cette opinion que c'est surtout à la famille aryenne qu'il faut rattacher les Berbères.

Voilà ce qu'il me semble lire dans le passé des Berbères, plutôt avec les yeux de l'induction qu'avec ceux de l'histoire. J'abandonne humblement mon travail à l'appréciation de la science; heureux si je sers au développement de la vérité, fût-ce même en éveillant contre ma théorie l'antagonisme de la critique.

OLIVIER.

Secrétaire perpétuel de l'Académie d'Hippone.

ERRATA

Page   3, Extrait des bulletins nos 3 et 4; lisez : nos 3 et 5.
    34, Ad-marchides; lisez : Advanaghidés.
    76, explorant la Delta; lisez : l'explorateur.
    90, AUGUSTO BACACI SACRUM; lisez : BACACI AUGUSTO SA-
        CRUM.
    100, Vhiket; lisez : ßçkel.
    101, Mémoires relatifs à l'Asie, page 203; lisez : page 208.
    109, chien, assih; lisez : akeih.
    110, ambre O. deiles; lisez : deilé.
    111, g. tonos, tom; lisez : tonos.
        g. kerdus; lisez : kerdos.

www.ingramcontent.com/pod-product-compliance
Lightning Source LLC
Chambersburg PA
CBHW052037270326
41931CB00012B/2522